武器收藏指南
手枪

14 世纪至今世界经典手枪

【英】马丁·J. 多尔蒂（Martin J.Dougherty） 编著

祝加琛　于君华　译

机械工业出版社

CHINA MACHINE PRESS

火绳枪、轮锁枪、狗锁枪、转轮枪和自动手枪——手枪史在火器技术发展史中占有非常重要的地位。

本书内容丰富，从14世纪末的第一把手枪一直延续到现在非常先进的自动手枪和转轮枪，包括180种武器的彩色插图，每一种武器都有详细的技术规格介绍。书中不仅介绍那些有名气的枪型，还会介绍那些被遗忘的枪型，如在19世纪末出现的名叫"Velo Dog"的转轮枪，是专门为早期自行车骑行者设计的，骑行者可以用它来反击突然窜出的野狗。

从英国内战到第二次世界大战，再到2001年的阿富汗战争，从美国初期的荒野西部到禁酒令时期（1919—1933年），再到电影《警探哈里》描述的20世纪70年代，本书将会为你展示技术是如何改变武器的，以及武器是如何改变战争的。

本书还介绍了军队和警察使用的小型武器，并用70张照片举例说明，是一本专业但通俗易懂的手枪介绍史。

Collector's Guides: Pistols & Revolvers / by Martin J.Dougherty / ISBN: 978-1-78274-150-3

Copyright © 2015 Amber Books Ltd

Copyright in the Chinese language (simplified characters) © 2021 China Machine Press.

This translation of Collector's Guides: Pistols & Revolvers first published in 2021 is published by arrangement with Amber Books Ltd.

This title is published in China by China Machine Press with license from Amber Books Ltd. This edition is authorized for sale in China only, excluding Hong Kong SAR, Macao SAR and Taiwan. Unauthorized export of this edition is a violation of the Copyright Act. Violation of this Law is subject to Civil and Criminal Penalties.

本书由Amber Books Ltd 授权机械工业出版社在中华人民共和国境内（不包括香港、澳门特别行政区及台湾地区）出版与发行。未经许可的出口，视为违反著作权法，将受法律制裁。

北京市版权局著作权合同登记　图字：01-2016-3789号。

图书在版编目（CIP）数据

武器收藏指南. 手枪 /（英）马丁·J. 多尔蒂 (Martin J.Dougherty) 编著；祝加琛，于君华译.—北京：机械工业出版社，2021.10
书名原文：Collector's Guides: Pistols & Revolvers
ISBN 978-7-111-69407-6

Ⅰ.①武…　Ⅱ.①马…②祝…③于…　Ⅲ.①手枪 – 收藏 – 世界 – 指南　Ⅳ.① G262.9-62

中国版本图书馆 CIP 数据核字（2021）第 213061 号

机械工业出版社（北京市百万庄大街 22 号　邮政编码 100037）
策划编辑：李　军　责任编辑：李　军
责任校对：梁　倩　责任印制：张　博
北京华联印刷有限公司印刷
2022 年 1 月第 1 版第 1 次印刷
184mm × 242mm · 13.5 印张 · 2 插页 · 269 千字
0 001—2 000 册
标准书号：ISBN 978-7-111-69407-6
定价：99.00 元

电话服务　　　　　　　网络服务
客服电话：010-88361066　机 工 官 网：www.cmpbook.com
　　　　　010-88379833　机 工 官 博：weibo.com/cmp1952
　　　　　010-68326294　金 书 网：www.golden-book.com
封底无防伪标均为盗版　机工教育服务网：www.cmpedu.com

目　录

▲ 挂着步枪的新西兰海军陆战队正在训练使用副武器。手枪并不是主战武器，但如果情况变糟，它会成为非常有效的紧急自卫武器。

引　言

　　任何武器都能被定义为"用来破坏并伤人的工具"，但是这样并不能决定它们的优劣。决定武器优劣的并不是武器本身的能力，而是使用它的方式。有些国家的国徽中会含有武器的图案，但这样并不会引起民众的愤怒，因为它们的作用通常是震慑侵略者和保护无辜者。当然，如果滥用武器，也会发生暴力事件，引起混乱。

　　多年来，有些武器已经获得了一些影响力：有时是与执法人员和军事人员联系在一起的，有时则是因为被犯罪分子使用。有些武器也有一些人为造成的印象，人们会根据它们在游戏、电影和电视节目中的形象，或战斗双方的偏好，来判断武器的优劣。有些评价可能存在主观片面性，甚至有失公平，而且影响武器声誉的那些条件并不都是准确的。有些武器并没有真正被大家了解就已经成为经典，而对有些武器的误解本应该被消除。

　　对于使用者来说，他们的性命依赖于武器的性能，像准确性、稳定性和破坏性等特性都是非常重要的。但对于收藏者来说，可能会有一套完全不同的判断标准，武器是否有趣会成为能否作为收藏品的重要因素，战斗能力是比较重要的因素，但外观、设计美感和独特性也会成为重要的因素。

使用者和收藏者

　　收藏者有时会根据武器的历史地位给予它很高的评价。如果某种武器首次采用了新标准、新设计、新材料，或者与某个历史人物或事件相关，那么它都能激发起收藏者或历史学家的兴趣。对收藏者来说，一些精准度低、操作感觉僵硬、装弹速度慢等战斗力表现差的武器也可能是他们的最爱，但对使用者来说，他们会倾向于使用那些效率更高的武器。

　　当然，收藏者选择收藏某种武器，仅仅是因为喜欢它们。有些人会收藏那种很便宜的多年来大量生产的休闲射击枪，原因可能是女儿射击的第一枪是用它完成的，或者仅仅是因为想要留着和朋友一起射击娱乐的美好回忆。实际使用者有相当严格的标准，而收藏者的世界更偏重于主观印象，这就意味着不同收藏者之间会在武器是否值得收藏这个问题上产生很大的分歧。

　　根据笔者的经验，一些经典手枪使用起来都很糟糕，它们

▼ 从马背上用黑火药手枪狩猎很有挑战性。黑火药手枪本身的精准度低且可靠性差，再加上猎物和射击者的相对运动，击中目标的可能性非常小。

装弹麻烦，易出现机械故障，经常无法正常使用，但它们仍然是只有特权人员才能使用的美妙装置。举例来说，我并不想将自己的性命压在一把毛瑟 C96 手枪上，但是用它进行休闲射击时的感觉是非常好的。

　　仅仅是操作机械装置，笨拙地拆下枪托，打开枪膛用桥夹装载弹匣也是一件值得花时间琢磨的事情。枪托的连接方式有两种，因为某些原因，不管什么时候尝试都有可能会弄错，但这是精彩的实践体验。

▲ 燧石枪通常是成对佩戴，使用者可以在不用装弹的情况下连续射击两次。

　　因此，没有单个因素能让一种武器变得值得收藏，变得有趣或可以被人忽略。今天被低估的武器在明天可能会成为经典。每种武器都有自己的特点和故事。武器哪些特色有吸引力，哪些没有，最后的决定权还是掌握在人类手里。

手枪和转轮枪

　　手枪并不是战场武器。换句话说，战斗人员通常会选择像来复枪和冲锋枪那样威力更大的武器。但是，手枪携带起来很方便，在紧急情况下可能会产生奇效。因此，手枪主要用作防御武器以应对突然出现的威胁，当出去打仗时，除非迫不得已，战士都不会选择使用手枪。当然也有例外，例如在需要将武器隐藏起来的时候，武器则是越小越合适。但是在大多数情况下，携带手枪的目的并不是直接作战，而且为了应对紧急状况。

手枪除了要具有视觉威慑作用的外观，还应该具备较好的稳定性和精准度，以及能够阻止对手行动的能力。阻止和致死是两个完全不同的概念，任何击中要害器官的子弹都是致命的，但许多手枪子弹通常都不能让对手立即停止，不管对手此时是处于进攻状态还是防御状态。因此，对于用于战斗的手枪来说，最显著的要求是威力足够大，发射一发子弹就可以阻止敌人接下来的行动。

但是，如果子弹没有击中目标，一切都等于零。此外，还有一些手枪威力过于强大，可能会伤害到使用者！威力巨大的武器在狩猎时非常有用，但是对自卫来说，这并不是一个很好的选择。一把手枪如果因为使用者控制不住后坐力，而不能击中目标，那么它就是不完美的，甚至会伤害到那些粗心的使用者。

战斗中的手枪

较大的子弹会占据很大的空间，让武器变得大而笨重，而且会减少弹匣的装弹数量。子弹数量和威力要有一个合适的折中方案。大部分射击者在战斗时不能准确地击中真人大小的目标，即使在很近的距离，因此对于单个目标，手枪具有连发射击能力也是很重要的。单次命中并不能阻止对手的行动，因此多次射击可能是在战斗中幸存的唯一方式。

精准度低是一个不利因素，但是超越一定程度的精准度（过于精准）并不是一把战斗手枪的关键。上面已经提到，大部分手枪的精准度已经超过了使用者可以接受的程度。一把狩猎武器或一把竞赛武器在射击远距离目标时的精准度必须优于近距离战斗武器的精准度。

手枪设计要考虑各种因素的平衡，包括装弹量、精准度、可控性和阻止能力等，例如可靠性、易用性、携带舒适性、装弹速度、准星质量等。良好的平衡会造就一把出色的武器，但是其中一个因素特别突出也有可能造就一个经典。有些著名且有影响力的手枪并不是出色的战斗武器，但它们的设计往往都很理想化。通常说来，手枪的设计应该要形式服从功能。手枪设计趋向于集中力量创造一种用于狩猎、展示或佩戴的特殊武器，最终结果是人们创造出了一把仅用单手就能射击的武器。

早期手枪设计

最早的黑火药前膛装填手枪稳定性差且精准度非常低，即使在很近的距离也是如此。事实上，拿破仑一世时期的一些骑兵军官认为在近距离（可以利用刀剑）利用手枪射击敌人需要很大的自信。也就是说，早期手枪通常是在马背和轮船上使用的。许多手枪还装有一个黄铜枪托底板，这样手枪在完成射击后还可以用作击打武器。

▼ 一张早期史密斯＆维森转轮枪的广告，它清楚地展示出：你能够将自己的性命赌在这把手枪上。对于实际使用者来说，没有什么比武器的性能更重要，但是对于收藏者来说，他们会有不同的评价标准。

SMITH & WESSON

REVOLVERS

　　人们为了增加手枪的火力进行过很多次尝试，从携带两把手枪或使用双管手枪，到发明新装置让黑火药武器实现自动装弹功能。几乎所有的尝试都是不可行的，黑火药连发仅仅成为技术上的创新点。撞击式火帽的发明让人们创造出更可靠的前膛枪。稳定性差的燧石发火装置被撞击式火帽和撞击锤取代，但是火药仍然从枪管前部装填，装填进去的是一个球形子弹。这些武器稳定性更好，射速更快，但本质上来说与原来的燧发枪没有什么区别。

　　撞击式火帽手枪让手枪的火力有了很大的飞跃。尽管仍然使用松散的黑火药作为推进剂，但这种新技术让连发武器变成可能。连发武器的实现方式有两种：一是多管手枪，利用可以旋转到发射位置的多个预先装弹的枪管；二是转轮枪，利用一个旋转圆柱旋转到与枪管和发射机制相匹配的位置。两种情况下，装弹过程都很慢。枪膛需要填满松散的火药，接着再填入弹丸。如果需要，可以用一个挡板将它固定到位。在枪膛后面放置一个撞击式火帽，当撞击火帽时，就能击发枪膛内的火药。枪膛和枪管用油脂密封，防止一个火帽击发其他的弹药。

　　手枪的进化是一个漫长的过程，但是一旦实现，连发手枪

▶ 内栓机制是手枪设计的一大飞跃，它让装有满载枪膛的转轮枪更加安全。一经出现，它就成为所有转轮武器的标准设计，一直延续至今。

的使用者会比那些使用单发手枪的人有更强大的火力。尽管与现代武器相比，擦枪走火现象还比较多，但是比起燧发枪已经改善了很多。随着锥形子弹和带膛线枪管的出现，手枪子弹获得了更快的枪口速度，子弹自旋也增加了飞行过程中的稳定性。这样手枪的精准度和阻击能力都显著提高。

　　转轮枪接下来的进步就是从撞击式火帽和弹丸到全金属弹壳。胡椒瓶手枪逐渐被历史淘汰，取而代之的是更紧凑的旋转

▲ 第二次世界大战对各种型号的武器有极大的需求量。战争期间，各种武器以工业化规模生产，战后它们以极低的价格出现在市场上。

弹膛转轮枪，并一直沿用至今。尽管随着时代的进步，旋转弹膛转轮枪出现过一些改进，但是转轮机制从19世纪30年代诞生起就没有很大的改变。

旋转弹膛的主要缺点是弹药容量有限和尺寸过大。如果一把手枪的弹药放置在弹匣内，并将子弹一发接一发填进单发枪膛，那么它肯定比转轮枪更紧凑和轻便（因为每发子弹都需要一个枪膛，周围还需要金属提供保护）。一直以来，人们都在尝试研制这种手枪，但是直到19世纪末，半自动手枪才出现在世人面前。对于这种武器来说，统一弹种是最基本的要求。20世纪初期才出现了我们现在所见的现代手枪。今天的转轮枪和半自动手枪的基本标准与它们一个世纪前的祖先完全相同。尽管有一些勇敢的尝试，但手枪设计一直都没有巨大的革新出现。随着新思想和新技术的出现，手枪技术也在不断进步。

手枪在进化过程中出现了一些令人印象深刻的"第一次"，一些有趣的奇葩，一些备受推崇的经典，以及大量的普通手枪（经过仔细检查，你也许会找到一些比第一印象更有趣的地方）。有些手枪并不会因为普通而失去迷人的光泽，因为它们是当时主流武器设计的缩影。

出现顺序

　　在下面的章节中，笔者已经考虑到如何将不同的武器恰当地放在哪个章节。武器设计过程中，一成不变是不可能的，并且在某些情况下，一种武器最好是放在后面时期的章节，而不是放在它出现时期的章节来介绍。你有可能在 1935 年以后的章节中发现一把 1920 年产的转轮枪和它的衍生型号。造成这种情况出现的原因是多方面的，尤其是武器第一次出现时并没有引起人的注意，但是在随后的时间里才逐渐引起人们的重视并得到广泛使用。既然一种手枪是否经典这一问题存在这么多主观因素，对于武器所属的年代也应该存在一些回旋的空间。

▼　对于在狭小空间的行动，手枪有时是唯一的选择。

▲ 英国内战时期（1642—1651），黑火药手枪是很常见的武器。

第一章　早期的手枪

对使用者来说，投掷武器除了攻击敌人外还有很多其他优点。在古代战场上，投掷武器可以扰乱敌人阵型、消耗敌人、减缓敌人的进攻速度，让自己的军队有充足的准备时间。理想情况下，投掷武器的攻击是在不暴露自己的情况下完成的，因为轻便武装的投掷武器士兵不希望自己暴露在全副武装的敌人面前，并与他们发生徒手的肉搏战。

像标枪和石块这样的投掷武器缺乏射程，如果投掷者想要躲避敌人的报复，就必须要轻装上阵。尽管如此，投掷战术还是起作用的，曾几何时一支重型武装的斯巴达步兵部队被轻型武装的古希腊标枪投掷士兵赶走，因为斯巴达步兵根本无法靠近实施面对面的肉搏战。

机械推动武器也有很多优点。与人的手臂相比，弓和弩的

中世纪手持武器	
原产国	匈牙利王国
时间	约1400年
口径	18毫米
重量	3.6千克
全长	1.2米
装弹	单发，前膛装弹
射程	7米

▲ 一名早期的火枪手，他的腰间挂着 11 个预先准备的火药粉包。

射程更远，速度更快，而且攻击移动目标时的精准度更高，还有很强的穿透力。这类武器曾经拥有很高的效率，但最终还是不能超过机械装置的限制。当第一种火药武器出现在战场上时，机械推动武器也就走到了尽头。

随着时间的推移，火药武器逐渐取代机械推动武器的地位并主宰了战场，接着火药武器进一步发展，出现了像手枪这样的起着次要作用的武器。当然，这并不是一夜之间发生的。需要注意的是，在欧洲战争的"枪刺与射击"时期，每个人都想成为火枪手。原因应该有两方面，一是射击者可以在更远的距离外射击，因此受到伤害的概率更低，二是可以轻装上阵，更有利于完成进攻。

17世纪初期火器已经成为决定性的战场武器，但是它仍然是巨大笨重的东西，并不适合用来个人防御。人们主要还是利用刀剑来实现个人防御，而且许多年来一直如此。然而，最终手枪还是取代了刀剑的地位，成为个人防御武器，像刀剑这样的手持武器逐渐变成紧急情况下才使用的武器。这是一个很漫长的过程，而且最开始遇到很大的阻力。

最早的手枪

火药是中国古代四大发明之一，当时中国用它们来制造一种名为"喷火管"的东西，当点燃喷火管底部时，火管顶部会有火焰喷出。后来人们发现在火药中混合少量的石子会显著增加对敌人的伤害，因此人们就研制了一种相当粗糙的霰弹枪样式的武器。尽管与现代的样式差别很大，但它就是一把手持火器。最早的手枪是在1364年出现的，当时很少有人相信在未来它能够带来如此大的武器革新。

那时，弓和弩非常有效，这一点已经在战场上得到了证明。而当时的手枪是一种粗糙、稳定性差的装置，与弓和弩相比，手枪的射程太近，精准度太低。最早的手枪由一根火管和一个火罐组成，使用者需要将火管放在肩膀上，朝着目标所在的方向，接着另一个人点燃火罐内的火药，完成射击。整个过程非常麻烦，当时很少有人相信这种武器有很大的前景。

在当时，火炮的作用已经在战场上得到了证明，但是手枪基本没有什么用。也许只有和火炮联系在一起，手枪才不会被

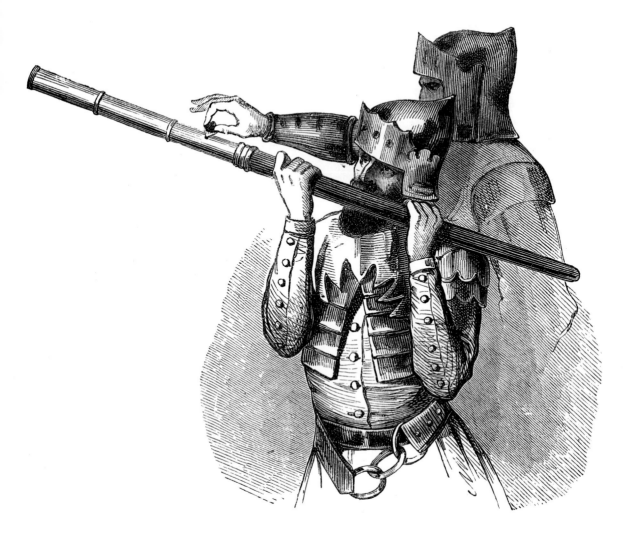

▲ 早期手枪的精准度非常低。一人拿着手枪对准目标，另一人点火发射。

人遗忘。但是，手枪也找到了自己的用武之地，例如在城墙上时，枪管可以从哪些不能容纳弓和弩的空隙中伸出去。

到 14 世纪末，尽管手枪并不是一种有效的武器，但它已经在欧洲各国广泛使用。此时出现了一种枪炮，它介于个人手枪和轻型火炮之间，主要用于保护防御工事，成为城堡防御士兵武器的有效补充。但是，火药对开阔战场的影响仍然微不足道。影响战场火器效率的主要障碍是找不到一种可靠地点燃武器火药的方式。16 世纪出现的火绳枪，让人们意识到出现了一种可行的个人武器。火绳枪使用一段缓慢燃烧的火绳，点燃起爆火药，接着起爆火药就会击发主火药，完成射击。

给火绳枪装弹是一个费时、复杂的过程，而且火绳枪本身

又大又重。首先需要一个物体来支撑它，而且装弹时，火枪手也容易受到别人攻击。为了解决这个问题，火枪手都是以大编队的方式出现在战场上，分开轮流射击。

在攻击大规模敌军时，火绳枪很有效，但是射击单个敌人时，火绳枪精准度低的缺点就显现出来了。一部分原因是火绳枪是滑膛式的，没有膛线让子弹旋转；另一部分原因是子弹本身就是球形的，有时很不规则，而且在某些情况下子弹的口径比枪管小很多，因此子弹在枪管中会有一些偏移的动作。精准度低的另一个原因是射击命令和射击完成时会存在较大的延迟。当时，所有的火器都存在延迟问题，但火绳枪是其中延迟较长的。大多数火绳枪利用一根S形杆将缓燃

火绳枪	
原产国	德国
时间	约1450年
口径	10.9毫米
重量	4.1千克
全长	1.2米
装弹	单发，前膛装弹
射程	45米

蛇形机构	
原产国	德国
时间	约1450年
口径	10.9毫米
重量	4.1千克
全长	1.2米
装弹	单发，前膛装弹
射程	45米

引信从存放位置移至起爆火药，起爆火药再引燃主火药。在整个延迟期间，目标会移动相当长的距离，而且射击者的瞄准也会受到干扰。

在战场上，火绳枪通常是大规模使用的，外围是长矛兵部队用长矛组成的防御墙，但是对于自卫或单兵作战来说，火绳枪并不合适。此外，人们还研制了火绳手枪，大部分分配给骑兵部队，但是它们非常笨拙，并没有受到骑兵的欢迎。火绳枪的成就是让火器成为战争中必不可少的部分，并确保火器有一个发展的未来。有些人执着地认为火绳枪能够完全取代装甲兵的地位，但是事与愿违。事实上，先进的装甲完全有能力抵御住火绳枪子弹的攻击，而且那些准备买装甲的人都会测试一下，装甲能否抵御住火绳枪子弹。与弓和弩相比，早期的火器有很多不足之处，例如精准度低、射速慢、射程短，因此它们几乎没有机会完成弓和弩已经取得的成就。

火器的优势

火器的出现可以让人们在短时间内组建或解散一支军队，而且可以显著降低军费开支。训练一个火枪手熟练装弹和射击只需要很短的时间就能完成，但是对于一名优秀的弓箭手，就需要大量的训练时间，而且还需要足够的实战经验。火器的推广还具有社会意义，由于火药控制起来相对容易，因此就能限制那些"非官方"使用者。士兵结束服役后，会带着他们的射击技巧回到家乡，但是如果日后想要反抗，他们就会缺少必要的武器，而对弓箭手来说，他们则能自己制造自己的武器。

因此，火器能够成为标准的战场武器，并不是因为它们的效率高，而是因为它们既方便又划算。火绳枪过时后，仍然存在了很长时间，很大的原因是只需要很少的花费就可以获得较高的战斗力水平。对于军事力量来说，这种折中是完全可接受的，但是对于个人使用者来说，就需要更好的武器。

轮锁手枪

  早期的手枪存在很多缺点，例如携带不方便、射击速度慢等，有时还需要一些持枪威慑的时间，最终人们在约 1500 年发明了轮锁手枪，解决了这些问题。那个时代的士兵有时需要自己判断射击的时机，或者指挥官会告诉他们"准备射击"，然后突然一声令下，此时他们必须立即完成射击。

  通常，指挥官不会用自己的火绳枪射击，如果敌人过于靠近，他就必须参加战斗进行自卫。长期以来，佩剑是他唯一的选择，但是手枪出现后，他可以携带一两把手枪来自卫，显然

▲ 轮锁手枪问世（约 1500 年）后不久，人们就编写使用手册，展示它的正确使用方式。对于刀、剑、矛等传统武器也有类似的使用手册。

轮锁手枪

原产国	意大利
时间	约 1500 年
口径	10.9 毫米
重量	1 千克
全长	0.4 米
装弹	单发，前膛装弹
射程	9 米

狗锁手枪

原产国	英国
时间	约1650年
口径	10.9毫米
重量	1千克
全长	0.4米
装弹	单发，前膛装弹
射程	9米

这样效率更高。轮锁手枪不仅可以快速射击，而且还可以持枪威慑敌人，因此轮锁手枪算是适合随身武器这一角色的第一种火药武器。

轮锁手枪使用一个弹簧支撑旋转轮，它与击砧摩擦产生火花，整套装置取代了笨拙的缓燃引信。当手枪装弹后，小罐的起爆火药会做好准备，小罐上的盖子可防止火药洒出或受潮。当使用者扣动扳机时，就会引燃起爆火药。这允许使用者可以单手持枪（另一只手拿着剑或另一把手枪），保持在持枪瞄准威慑状态。

狗锁手枪是轮锁手枪的一种，它有一个狗锁，狗锁内容纳点火材料（黄铁屑）。当需要射击时，狗锁就会让点火材料与旋转轮接触；当不需要射击时，狗锁会处于一个安全的位置，但是一旦处于准备射击状态，它就会咬合到针轮，扣动扳机时就会产生火花。狗锁有时也会用于其他武器，用一个钩子让狗锁安全地保持在半击发状态。

手枪的单手使用能力对骑兵来说非常有用，手枪逐渐成为他们最爱的武器。人们为此发明了一种名叫马术回旋的战术动作，骑兵会以连续的方式冲向敌人，射击后回旋回去并重新装弹。尽管该战术动作的冲击力不如传统的持剑骑兵，但是骑兵的受伤风险会更小，尤其是当他们的装甲比较单薄时。

　　轮锁手枪结构复杂，生产成本很高，只有少量部队才能得到。骑兵部队本身成本就很高，为了减少伤亡，给他们配备手枪是值得的。许多步兵军官除了配备火绳枪外，还会携带轮锁手枪用于自卫。有些人也配备轮锁手枪用来自卫，因此有些轮锁手枪的目标用户是达官贵人，它们通常装饰很华丽，让最尖端的武器技术和最流行的艺术融合在一起。其他的只保留了基本的射击功能，并且还出现了一些尝试性的设计。人们还不断尝试研制连发手枪和其他样式奇异的手枪，但是它们都未能成功，因此无法进入主流市场。

燧发手枪

　　后来人们不断寻找更可靠、更廉价的武器，最终研制出弹簧锁手枪，弹簧锁手枪用一块燧石取代了黄铁击砧，并废除了旋转轮。燧石在弹簧支撑臂的作用下会摩擦金属击砧，产生缓

▼ 用燧发手枪射击时，引燃火药和主火药之间会存在很长的时间延迟。

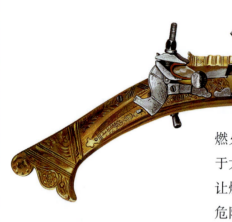

燃火星，其原理与早期的轮锁机制基本相同。弹簧锁手枪出现于大约1540年。与其他类似武器相同，弹簧锁手枪装弹后可以让燧石杆（击锤）处在安全位置，让击发盖处于关闭状态。当危险来临时，使用者会将击锤拉回到发射位置。扣动扳机会让击锤猛烈地回到最初的状态，让燧石产生火花引燃起爆火药，进而击发主火药。

弹簧锁比轮锁便宜很多，这让弹簧锁手枪的大规模生产变得更容易。但是到大约1550年，人们又发明了一种更先进的型号——早期燧发手枪。早期燧发手枪与弹簧锁手枪类似，但是有一个新装置，该装置能将打开击发盖变成整个射击动作的一部分。这样使用者就不用提前拿出来武器准备，让他们在紧急情况下更快速地射击。此外，这样还能保护起爆火药免受风和湿气的影响。

16世纪下半叶，早期燧发手枪成了标准的个人武器，但是从1630年以后，出现了新一代枪锁技术，早期燧发手枪也就被新一代燧发枪取代。新型燧发手枪仍然沿用早期燧发手枪的基本原理，但加装了一个新装置——触发杆。触发杆也是真正意

荷兰燧发手枪

原产国	荷兰
时间	约1650年
口径	17毫米
重量	1.67千克
全长	0.4米
装弹	单发，前膛装弹
射程	15米

袖珍手枪

原产国	美国
时间	1795年
口径	12.7毫米
重量	0.34千克
全长	76毫米
装弹	单发，前膛装弹
射程	1.5米

安妮女王手枪

原产国	英国
时间	约1750年
口径	16.5毫米
重量	0.79千克
全长	235毫米
装弹	单发，前膛装弹
射程	6米

义上的燧发手枪区别于早期燧发手枪或弹簧锁燧发手枪的标志。大约在同一时期，市场上还出现了另一种燧发手枪——英国燧发手枪。英国燧发手枪算是早期燧发手枪和真正燧发手枪之间的过渡型号。英国燧发手枪和新型燧发手枪结构简单，易于大规模生产，世界各地的生产商为军队生了无数的燧发手枪，为私人和军队用户生产了大量的燧发手枪。

燧发手枪的寿命

　　当这种可靠的燧发手枪设计出现后，它一直存在了很多年。随后的两个多世纪，燧发手枪一直没有被火帽武器所取代，在

新型燧发手枪

原产国	英国
时间	1770年
口径	15.9毫米
重量	1.39千克
全长	540毫米
装弹	单发，前膛装弹
射程	15米

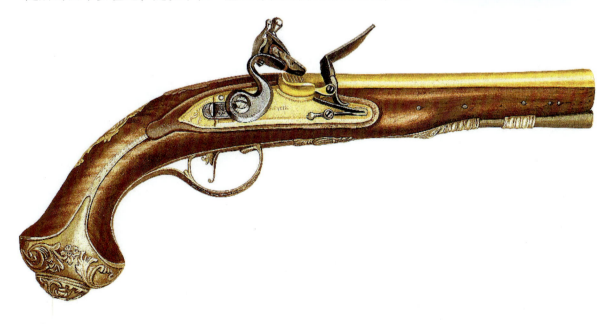

▲ 海军登船作战时，在近距离作战中手枪是唯一有效的武器。

那段时期出现了很多利用燧发机制原理的新设计，其中很多都是为专门的用途量身打造的。可以装在口袋里的小型燧发手枪主要是为达官贵人设计的，主要用于自卫。手枪是一种非常好的威慑武器，使用者从口袋里掏出来拉开击锤给敌人威慑，暗示敌人如果继续进攻可能会对他造成更严重的伤害。当然，也会有武器没有准备好，或是没有装弹，或是射击时不会击中目标，但是一把击锤翘起的手枪肯定会在敌人脑海中营造足够多的恐惧，让他决定停止或离开。

与刀剑相比，手枪携带起来更方便，而且可以快速准备。面对刀剑时，强盗等袭击者可能会决定反抗，因为他们认为在近距离战斗时，他们的战斗力会更高。但是，面对手枪时，他们会考虑还没有靠近就被击中的可能性。手枪有非常大的威慑力，手枪的威慑力在今天仍然有效。

长管手枪	
原产国	美国
时间	1805 年
口径	15.9 毫米
重量	1.42 千克
全长	552 毫米
装弹	单发，前膛装弹
射程	25 米

海军手枪

有些军事人员有时会装备小型手枪，例如战场上拿着军旗的人员，或是护送扛旗者的人员。对于那些一只手高举旗帜的人来说，手枪显然比刀剑方便很多，可以在敌方骑兵靠近前进行攻击。有些军官会佩戴手枪，以防出现紧急或突发状况。真正发挥出手枪作战作用的应该是海员和骑兵。在海上可以充分发挥出手枪的短距离射击能力，例如在登上敌人舰船或阻止敌人登船时，手枪的尺寸很小，非常便于在拥挤的人群和狭窄的

▲ 在大多数手枪决斗中，决斗双方都不会受伤。有些人的目的是获得荣耀，因此会故意地射偏。但是，也有一些人的目的就是想杀死对方。

船舱内使用。

海军手枪的口径往往很大，因此如果击中敌人就会造成很严重的伤害。考虑到登船过程中人员的密集程度，海军手枪的命中率不会很低。一旦完成射击后，海军手枪就没什么用处了，因此大部分海军手枪都装有一个覆盖了黄铜并加固的握把，这让它变成一件强有力的击打武器，使用者可以握着枪管，用握把击打敌人。海军手枪尺寸很小，因此装备有一把手枪的海员在面对装备合适手持武器的敌人时，并不占优势。

手枪也常见于骑兵手中。有些骑兵用剑或长矛作为主武器，并且几乎所有的骑兵都会佩戴一把长剑，但是对那些专门装备

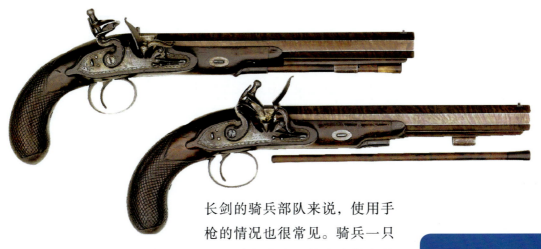

长剑的骑兵部队来说，使用手枪的情况也很常见。骑兵一只手抓紧缰绳，另一只手握着手枪，让他们能在混战中有射击的机会。此外，骑兵还可以在高速骑行时射击，降低自己被敌人发现而受伤的概率。

骑兵的主武器通常是卡宾枪或短管步枪。有些骑兵是专门为应对小规模冲突组建的，他们通常装备卡宾枪，不会与敌人短兵相接。尽管重骑兵部队的作用是冲锋并摧毁敌人的编队，但是经常会在重骑兵部队中看到一支装备卡宾枪的侧卫部队。此时，在骑兵手中的手枪在很大程度上是一种备用武器，而不是在早些时候那样的主要作战武器。

骑兵经常使用长管马枪（长管手枪），希望长的枪管能提高武器的精准度。事实并不是人们想象的那样，从马背上用单手使用一把滑膛枪，其精准度往往非常低。有些骑兵会再利用马鞍携带两把甚至四把马枪，有时候他们还会携带多把小型手枪作为备用。马枪和卡宾枪口径往往相同，这样让弹药供应变得更简单，但是由于当时的弹药是用预先量好的弹壳纸内装满火药和弹丸，这就意味着马枪和卡宾枪使用相同的火药量。有经验的骑兵在使用马枪时会取出一点火药，以防止手枪射击时威力过大。

决斗手枪	
原产国	法国
时间	1760 年
口径	15.9 毫米
重量	1.39 千克
全长	540 毫米
装弹	单发，前膛装弹
射程	9 米

决斗手枪

手枪也可以用来决斗，而且到 1750 年左右出现了专门为决斗而设计的手枪。决斗手枪往往是成对出现的，目的是让决斗双方使用相同的武器，尽可能地保证决斗的公平性。

决斗最开始有严格的规则，包括武器的选择和决斗双方的检查，以确定决斗任何一方都没有隐藏对自己有利的武器或工具。手枪决斗的规则随着时间和地点的变化在不断改变。最普遍的规则是决斗双方间隔一定距离面对面，当裁判下令射击后，他们可以选择在任何时候射击。某些地区人们要求决斗双方立即射击，立即射击杀死对方是可以的，但故意瞄准可能会遭到谋杀指控。

这种情况并不普遍。其中一名决斗者完成射击但没有击中，那么为了荣誉他只能站在那里等待对方射击而不能躲避。有时候，决斗一方在对方完全没有准备的情况下无耻地突然射击，这种情况在不同的地方有可能会被大家认可，也有可能不会。有些决斗者认为参加决斗的行为已经获得了足够的荣耀后，他们会选择不伤害对方。这也是避免再次决斗的一种方式。在某些决斗规则中，如果双方都未击中对方，那么他们需要进行第二次决斗。但是当对方选择退出后，决斗者还要执意进行第二次决斗，这往往会被认为是一种不礼貌的举动。因此，如果决斗者没有击中，另一个人可以选择杀死他或宽恕他，最终目的是希望双方之间的矛盾顺利解决。

手枪决斗是非常危险的，比刀剑决斗方式的偶然性更大。事实上，这也是有些决斗者选择手枪决斗的原因。刀剑决斗的胜者肯定是技艺较高者，但是手枪决斗的胜者往往是运气更好的人。手枪决斗时，决斗者更有机会带着荣誉和完好无损的身

大口径短手枪

原产国	英国
时间	1780 年
口径	16.5 毫米
重量	1.3 千克
全长	444 毫米
装弹	单发，前膛装弹
射程	3 米

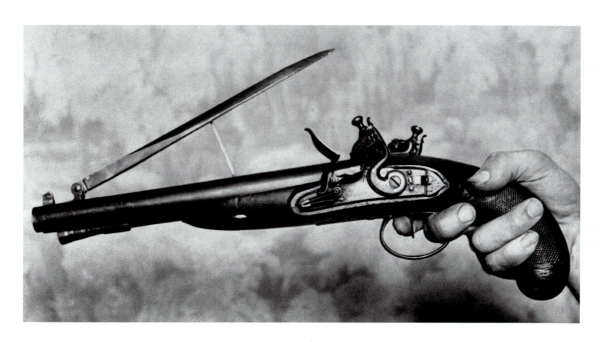

体回家。而在刀剑决斗中，决斗中双方不可避免地会遭到一些
伤害。

▲ 一把奇特的手枪，枪管的刺刀不但没有增加使用者的战斗力，还会影响手枪的瞄准。人们研制了很多种装有刺刀的手枪，但是没有一种获得成功。

奇特的设计

人们还进行了各种尝试，期望设计出火力更强大或有其他优势的手枪。有些设计是相当怪异的，例如在手枪上安装一把刺刀。理论上讲，这让使用者既可以选择射击，也可以选择使用刺刀。但是，在实际使用中证明它是一把非常不可靠的手枪，它很难瞄准，再加上一把平衡性很差的刺刀，使用者的战斗力明显下降。

苏格兰全金属手枪

原产地	苏格兰
时间	1800 年
口径	15.9 毫米
重量	2.9 千克
全长	540 毫米
装弹	单发，前膛装弹
射程	6 米

鸭脚手枪	
原产国	英国
时间	1800 年
口径	15.9 毫米
重量	1.2 千克
全长	254 毫米
装弹	单发，前膛装弹
射程	6 米

有些设计比较有用。有些军事工程师或其他辅助人员会携带双管手枪，因此他们需要一把携带方便、可以近距离使用的防御性武器。有些双管手枪装有一个膛线枪管和一个滑膛枪管，膛线枪管早在 15 世纪末就出现了，但是由于装弹速度慢只应用在一些狩猎武器中。膛线枪管精准度更高，射击威力更大，而滑膛枪管装弹速度更快。

快速装弹的另一种方式是使用喇叭口状的武器。多管手枪装弹更容易且速度更快，但这也进一步降低了本来就很低的精准度。但是在近距离射击时，精准度可以先放在一边，这把张着血盆大口的武器会对敌人造成很大的威慑。

另一种奇特的手枪是鸭脚手枪，它使用单个闭锁同时多个枪管发射。鸭脚手枪完全能够阻止敌人的攻击，但是它的主要用途是威慑敌人。鸭脚手枪让单个人面对一群敌人时仍然占据一定优势，因为鸭脚手枪的多个枪管面对一群敌人同时发射时，

燧发转轮枪	
原产国	法国
时间	约 1730 年
口径	12 毫米
重量	1 千克
全长	362 毫米
装弹	5 发转轮
射程	15 米

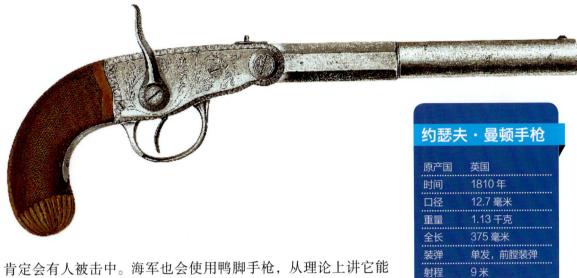

肯定会有人被击中。海军也会使用鸭脚手枪，从理论上讲它能允许军官平息叛乱船员。如果鸭脚手枪发射，它至少会削弱敌人的攻击。但是鸭脚手枪没有重复射击的能力，而且利用单次射击就阻止敌人的情况非常少见。现实中，人们也不断尝试研发可重复射击手枪。世界上最早的转轮枪利用几个预装弹弹膛，由单个燧发机制发射，每个弹膛会轮流旋转到对准枪管的位置。早期燧发转轮枪的原理与现代转轮枪基本相同，但由于时代的局限性，早期转轮枪没有获得成功。

    人们还研发出了一种基于同样原理的步枪，但最终也失败了。然而新的技术已经出现了，最终会改变手枪的未来。

▲ 在美国内战时期，火帽转轮枪在很大程度上取代了刀剑，成为骑兵的主要武器。当然，骑兵也会佩戴刀剑作为备用武器。

第二章　火帽手枪

燧发武器的主要缺点在于击发点火装置。主火药需要与弹丸密封在一起，并用炮塞压实，主火药点火还需要持枪准备一些时间。击发槽内只有少量的火药，容易受到影响。击发槽内的火药会被风吹跑，被水蒸气打湿，如果武器倾斜，它还有可能从击发槽内掉出来。

让击发槽保持闭合能极大地提高可靠性，但是即使引燃点火过程很好，但没人敢保证燧石产生的火星可以 100% 点燃起爆火药，即使起爆火药点燃也不能保证火星能够通过点火孔引燃主火药。短语"Flash in the pan"（击发槽内的闪光，意思是击发槽内火药发出火光却没有引燃主火药）后来的意思变成"昙花一现"。但是在最初的背景下，它预示着一个潜在的危及生命的灾难即将到来。

火帽手枪	
原产国	英国
时间	1820 年
口径	12.7 毫米
重量	1 千克
全长	不详
装弹	单发，前膛装弹
射程	10 米

火帽

火帽的发明可以追溯到 19 世纪初，它的出现基本上解决了点燃主火药失败的情况。火帽并不是为松散的主火药提供引燃火星，火帽内装有雷酸汞，雷酸汞受到撞击时就会爆炸，爆炸产生的火星会引燃主火药。撞击机制在很早以前就存在，弹簧锁机制很容易地被击锤取代，这样就让燧发机制迅速转换为火帽机制。

火帽最常见的形式是一个黄铜圆盘，黄铜圆盘放置在一个中空火门上，火门让圆盘对准击锤，并引导火星进入主燃烧室。最初，火帽武器仍然采用前膛装弹，因此装弹过程与以前完全相同，首先是填入火药，接着塞进弹丸，然后从顶部夯实。

最初的引燃击发槽不仅速度慢，还容易出现一些小差错，进而影响发射。火帽不仅让发射过程更可靠，而且还加快了装弹速度，同时还会消除一些人为错误，但是只消除了部分小差错。火帽很小，用又冷又湿的手处理起来很麻烦，而且在战斗的混乱和压力下也很难操作。质量差的火帽有时会掉落或无法引爆。装弹时，火帽经常掉落或遗失。总之，尽管火帽存在很多问题，但它的确让手枪的发展前进了一大步。

关于火帽的其他使用方式，人们进行了很多尝试。例如，有人在一个纸带上创造出一个卷帽，正如今天小孩子的玩具那

燧发火帽手枪	
原产国	英国
时间	1825 年
口径	不详
重量	1 千克
全长	323 毫米
装弹	单发，前膛装弹
射程	10 米

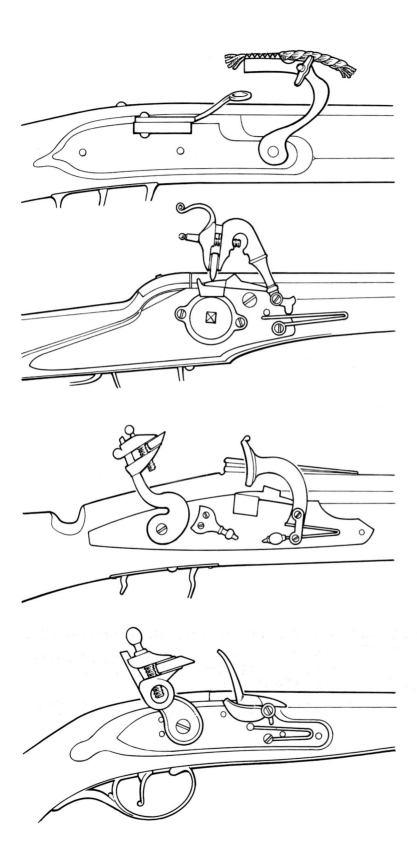

◀ 击发机制的演化从上到下，依次经历了火绳机制、轮锁机制、弹簧锁机制和燧发机制，而火帽机制则是演变的终极产物。火帽机制利用击锤和击发槽取代了原来的燧石击发机制。

样。理论上讲，每次射击纸带都能前进，并且会在武器准备射击时自动提供一个新的火帽，但事实是这套系统很不可靠。

最早的火帽武器基本上是改良燧发枪，它们变得更加可靠，装弹速度也大大提高。随着时间的推移，新型火帽的出现衍生出了预装弹连发武器的出现，并且最后融合火帽的想法衍生出了单个弹壳。最初弹壳武器使用布制、纸质或硬纸板弹壳，弹壳内包含有弹丸、火药和火帽，最后全金属弹壳成为主流。现代子弹上的底火基本上就是一个融合在底部的火帽，这表明一体弹壳是现代武器发展史上最关键的发明之一。的确，火帽的出现标志着火器彻底取代了刀剑等传统手持武器，从辅助武器逐渐转变为战争中最主要的战斗系统。

从燧发机制到火帽机制

尽管火帽机制在 1810 年左右就已经比较成熟，但是它并没有立即普及。此时，正值拿破仑战争时期，大部分欧洲都笼罩在战争的阴云下，成千上万的人拿起武器奔赴战场。当时，步兵的标准武器是一把比较成熟的燧发毛瑟枪，它已经在成千上万次的战斗中证明了自己的价值。燧发手枪的产量尽管比不上步枪，但数量仍然很庞大。随着燧发毛瑟枪等手枪的大规模的工业化生产，几乎无人关注新技术的发展。拿破仑战争结束后，欧洲各国剩余大量的武器装备，远远超过他们的需求量。由于

约翰·曼顿火帽手枪

原产国	英国
时间	1828 年
口径	12.7 毫米
重量	1 千克
全长	323 毫米
装弹	单发，前膛装弹
射程	10 米

存在如此多的武器可供使用，新技术的推广没有引起很多人的关注。

　　尽管火帽枪的性能比燧发枪好很多，但是在拿破仑战争后的市场上，只有那些买得起火帽枪的客户才能拥有。军队必须考虑成本因素，如果他们现有的武器装备仍然满足一定的要求，他们并不希望花费过多的费用来使用新技术。因此欧洲各国并不急于应用这种新技术，而有些人购买了新型的火帽手枪，并发现它们确实比燧发枪出色，随后火帽手枪逐渐引起更多人的关注。但是由于战争留下如此多的武器，人们并不缺少手枪，因此整个更新换代过程显得比较缓慢。

▲ 拿破仑战争正好处于燧发枪末期、新型火帽技术成熟期。但是由于战争后存留大量武器，各国士兵在几十年后才开始转为使用火帽武器。

洛伦兹连发手枪

原产国	意大利
时间	1680 年
口径	12.7 毫米
重量	1.76 千克
全长	483 毫米
装弹	7 发，试验型连发枪
射程	10 米

定制设计肯定要比改装更加理想，但是燧发枪和火帽枪两者的机制是如此相似，以至于新制造的火帽手枪完全模仿了那些改装武器。这也得益于已经具备的制造技术和设施。因此在 19 世纪初，火帽单发手枪和燧发手枪是并存的，而且两者外观很相似。

早期的连发枪

尽管火帽手枪更加可靠，但它仍然是单发，因此与燧发手枪相比在火力方面没有真正的提高。装弹过程需要的时间仍然很长，可以这样说一旦完成射击后，手枪就没什么用了。虽然只有一发子弹也比没有子弹强，但是人们迫切需要一把不用装弹就能实现多次射击的手枪。早在燧发手枪时代，人们就给出了解决方案，那就是多管手枪。很多设计涌现出来，有的是装有两个固定枪管，有的则是装有几个可旋转枪管，每个枪管都能按顺序旋转到发射位置。一把"转管"手枪装有两个或四个枪管，每个枪管都可以独立装弹，并手动旋转到发射位置。最开始只有少量的燧石管手枪，但火帽出现后，多管手枪逐渐流行起来。

每个枪管都有自己的火门，发射前火帽必须位于火门的顶部。尽管比重新装弹要快很多，但是如果第一次射击没有阻止

敌人，它仍然无法实现快速连续射击。另一种方法是提前在枪管内装填弹药，将火帽安装到位，在这种方式中火帽一直保持在原位。这套系统最初应用在固定多管武器上，例如骑着大象的猎人手持的重型狩猎手枪。这种武器也被称为"象轿手枪"，猎人主要用它们来对付老虎等猛兽（对付老虎等猛兽的武器主要是步枪，但一旦距离过近就得使用手枪自卫），使得自己有机会保护自己、大象和乘客。

　　多管武器的最大危险是发射一个枪管时有可能会击发其他枪管，导致连锁反应或甚至齐炸。有些武器故意使用不同的击发系统以创造出一把"齐射枪"，但当发生意外时，这就是浪费弹药而且情况最坏时还会危及枪手的生命。对于一把固定多管武器，至少火室是密封的，如果发生故障，枪管完全是畅通无阻的。但是，不管怎么样，这种情况要尽可能避免。

　　防止意外发生最常用的方式是用蜡或油脂密封每个火帽。这是一个相当费时的过程，因此当所有枪管的弹药都发射出去后，根本就没有时间重新装弹，直到事态平息。有些使用者偏好将火帽密封到位，然后再给枪管重新装弹，因此如果火帽意外引爆至少不会引爆火药。还有一个更常见的过程，那就是先给枪管装载弹药，接着在密封火帽到位，完成后武器就处于关闭状态，如果需要，使用者可以立即做好击发准备。

　　固定多管手枪从未在市场上大量推广，相比于单管手枪，

福赛斯火帽手枪	
原产国	英国
时间	约 1830 年
口径	不详
重量	1 千克
全长	323 毫米
装弹	单发，前膛装弹
射程	10 米

它在火力方面只有略微的改善。另一方面，多管手枪代表了连发射击能力的显著进步。转管手枪利用早期的闭锁系统，但火帽的出现给它们带来了春天。转管手枪装有多个可以旋转的枪管，每个枪管都有一个击发机制。早期的转管手枪是手动操作的，当发射完毕后，使用者需要自己将另一个枪管转到发射位置。但后来人们又发明了新装置，实现了枪管自动旋转。

火帽转管手枪在 1830 年后普及起来，由于价格便宜，它不再局限于精英阶层，越来越多的普通市民也开始购买。市场上的转管手枪参差不齐，有些价格便宜但质量很好，也有一些属于假冒伪劣产品。质量差的转管手枪，其枪管和击发机构间往往不齐，容易发生故障。在这种手枪中，热气可能会从击发机构和枪管之间溢出，烫伤使用者或造成其他枪管走火。有时在击发压力的作用下，枪管和击发机构甚至能被炸开，伤害到使用者。

尽管转管手枪存在这样或那样的缺点，但它仍然是一种很受欢迎的武器且产量巨大。最实用的转管手枪装有 3~7 个枪管，它们很好地平衡了火力和便捷性之间的矛盾。有些设计装有非常多的枪管，这让它们不但很容易出现机械故障，而且看起来很笨拙。转管手枪瞄准起来很困难，而且前端过重会影响平衡性。在旋转枪管上安装瞄准具是不现实的，在大多数情况下击锤会挡住瞄准视线。因此，转管手枪最适合于近距离的自卫或

转管手枪	
原产国	美国
时间	1830 年
口径	6 毫米
重量	不详
全长	210 毫米
装弹	前膛装弹，每管 1 发
射程	5 米

防御。

　　尽管出现过一些很极端的、丑陋的型号，并且质量差的转管手枪使用起来风险很大，但转管手枪确实是武器史上的进步，而不应该像某些人认为的那样，转管手枪在技术方面是死路一条。的确，转轮枪后来完全取代了转管手枪的地位，因为转轮枪重量更轻，使用更方便，但是今天我们仍能在市场上找到少量转管手枪。

　　基于安全性考虑，人们需要一把装弹后可以装在口袋里的武器。如果受到撞击火帽就会击发，因此如果击锤受到外力，极有可能发生意外。某些转管手枪装有一个护套以防止击锤撞击火帽，有些人为了安全携带手枪时总会让那个处于击发位置的枪管空载。

　　人们希望研发出一种装置，该装置可以在击锤翘起时转动枪管，或拉动扳机时旋转弹膛，让转管或转轮设计更加成熟。最终，转轮枪主宰了市场，转管手枪逐渐消失。但在那段很长的时间里，使用者可以在两者之间选择，各有各的特点。

实用型转管手枪	
原产国	美国
时间	1840 年
口径	10.16 毫米
重量	不详
全长	279 毫米
装弹	前膛装弹，每管 1 发
射程	12 米

早期的转轮枪

　　转轮枪的发展主要归功于塞缪尔·柯尔特（1814—1862）。根据传闻（可能是柯尔特自己说的），当柯尔特很小的时候，他在船上当过一段时间船员，那时就产生了旋转弹膛的想法。他

▶ 塞缪尔·柯尔特的工作得益于与德克萨斯·兰杰斯的合作，兰杰斯一直想研发一种可以用一发子弹就能阻止敌人的大威力武器。

看到船上分段的轮子后，就想到可以在一个转轮中设置多个弹膛。

　　这个故事很好，但值得注意的是早在柯尔特出生前，旋转弹膛武器就已经出现了。早在 1717 年，詹姆斯·帕克尔发明了

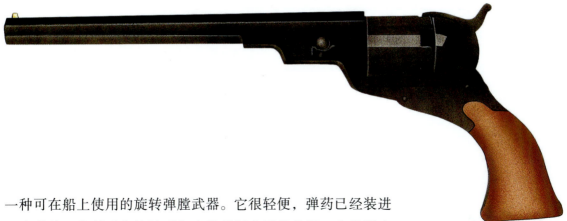

一种可在船上使用的旋转弹膛武器。它很轻便，弹药已经装进一个弹膛，发射时会旋转到与击发机制齐平的位置。在发明火帽机制前，人们就进行过很多次尝试，希望研制出一种可靠的转轮武器。因此，柯尔特并非转轮枪的发明者。

尽管如此，1836 年柯尔特推出了一把 5 发转轮枪，它也被称为帕特森·柯尔特转轮枪。单枪管和旋转弹膛（比起转管手枪）有很多优点，尤其是在重量方面。此外，它还可以允许安装瞄准具。帕特森·柯尔特转轮枪有各种枪管长度的型号，有些枪管的长度甚至有些过头。使用 254 毫米枪管的枪型最终标准，有些使用 355 毫米或 406 毫米的也很流行。枪管越长，精准度越高，但是这样会造成枪头过重，操作不方便。为了解决这个问题，人们发明了一种可拆卸枪管，让使用者在需要时可以将自己的手枪转变成类似的步枪。但是，这种改装效果仍有待验证。

帕特森·柯尔特转轮枪是一种单动手枪，使用者需要手动翘起击锤，并转动转轮来射击。扳机只是释放击锤，并不能使其翘起。然而，手枪也能不通过扣动扳机来射击。

帕特森·柯尔特转轮枪	
原产国	美国
时间	1836 年
口径	9.1 毫米
重量	1.93 千克
全长	355 毫米
装弹	5 发转轮枪
射程	20 米

意外走火

携带一把满载弹药的早期转轮枪是很危险的。如果击锤受到撞击，就有可能导致武器意外走火。这并不完全是坏事，因为如果扳机出现故障，通过敲击击锤就可以引发武器走火。但是在紧急状况以外，这显然是劣势，引发很严重的安全问题。

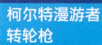

**柯尔特漫游者
转轮枪**

原产国	美国
时间	1847 年
口径	11.2 毫米
重量	2.04 千克
全长	343 毫米
装弹	6 发转轮枪
射程	20 米

你可以让手枪的击锤翘起、半翘起或停在装弹枪膛上，但所有的情况都是很危险的。保证安全的唯一方式是携带手枪时让击锤处于空弹枪膛上方。发射时，只需要翘起击锤并转动转轮，整个过程也很简单，不会浪费很多时间。但是，这就意味着它从 5 发变成了 4 发，威力有所降低。

重新装弹是一个相当烦琐、费时的过程，使用者需要将转轮拆下来，装弹后再装上。1939 年，人们又进行了改进，让转轮可以不用拆下来就能装弹。尽管存在不少缺点，但柯尔特转轮枪在当时仍然算是一种非常有效的武器，它提供的火力要强于以前的任何一种手枪。需要注意的是，柯尔特转轮枪出现时

▶ 柯尔特漫游者是为了满足得克萨斯巡逻队的需求研制的，得克萨斯巡逻队经常在马背上战斗，他们需要一把威力大、精准度高的连发手枪。

拿破仑战争结束刚刚 20 年，当时的武器大部分都是不可靠的燧发枪。尽管当时不可靠的单发燧发枪仍然很普遍，但柯尔特转轮枪的出现正好满足了人们的需求。

连发手枪的主要拥护者是那些从马背上退役下来的骑兵，例如得克萨斯巡逻队的老兵。这些人对转轮枪的发展有很大的影响，他们会提出明确的要求并在战场上进行测试，对改善转轮枪有极大的帮助。很多人都会感谢连发手枪挽救了他们的性命，当时敌人通常会进攻那些完成射击的人，他们知道装弹需要时间。可以快速连续射击在这种情况下是一个非常大的优势。得克萨斯巡逻队非常喜欢他们的连发柯尔特转轮枪，特别是装有大枪膛、使用大威力子弹的枪型。有些枪型非常适合用来骑乘战斗，他们将其命名为"龙骑士手枪"。

转轮枪的演化

柯尔特并不是 19 世纪前半叶唯一一个尝试制造转轮枪的人。19 世纪前半叶是一个对个人火力要求越来越高的年代，探险家正前往南美洲、亚洲和非洲，美国的西部开发也刚刚开始。即使没有与土著人发生冲突，美国西部也是一个无法无天的地方。与此同时，欧洲军队也越来越多地加入到殖民战争中，他们通常要面对大批缺乏武器装备但充满勇气的战士。

柯尔特龙骑士转轮枪

原产国	美国
时间	1847 年
口径	11.2 毫米
重量	1.87 千克
全长	305 毫米
装弹	6 发转轮枪
射程	20 米

转轮枪的基本概念得到验证后便迅速发展。使用者可以随身携带一个满载的转轮来替换，这样可以极大地缩短换弹时间。尽管转轮的重新装弹时间仍然很长，但利用备用转轮确实能够增加射击的次数。此外，人们还研发了各种新装置，例如各种转轮转动机构。有些转轮枪利用杠杆作用使击锤翘起并转动转轮。其中，最典型的例子是1856年出现的萨维奇转轮枪。F-8转轮枪和后来的M1860型转轮枪利用一根由中指控制的杠杆来翘起带角度的击锤。它的击发槽安装在转轮外部，还安装了一个标准的扳机。

尽管它们不太美观，但性能很好，在美国内战期间美国军方购买了数量众多的转轮枪。由于要用到多根手指，因此精准度会受到一些影响，但是在近距离连续射击显得更重要。1855年特兰特转轮枪也使用了相同的系统，这种手枪需要利用中指来第一次翘起击锤，随后只用食指和扳机就能翘起击锤。这样只需要一个动作就可以发射和翘起击锤。

那个时代还出现了很多改进，英国人约瑟夫·宾利研发了两个新功能，这两个新功能在后来的许多武器上成为标准。他设计的转轮枪使用扳机作用来翘起击锤，创造出我们今天经常

萨维奇 M1860 型转轮枪

原产国	美国
时间	1860 年
口径	9.1 毫米
重量	1.6 千克
全长	330 毫米
装弹	6 发转轮枪
射程	20 米

宾利转轮枪

原产国	英国
时间	1853 年
口径	11.2 毫米
重量	0.94 千克
全长	305 毫米
装弹	5 发转轮枪
射程	12 米

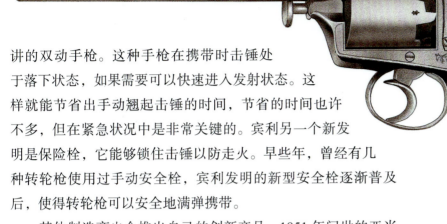

讲的双动手枪。这种手枪在携带时击锤处于落下状态，如果需要可以快速进入发射状态。这样就能节省出手动翘起击锤的时间，节省的时间也许不多，但在紧急状况中是非常关键的。宾利另一个新发明是保险栓，它能够锁住击锤以防走火。早些年，曾经有几种转轮枪使用过手动安全栓，宾利发明的新型安全栓逐渐普及后，使得转轮枪可以安全地满弹携带。

　　其他制造商也会推出自己的创新产品。1851年问世的亚当斯转轮枪就将自己定位于"自连锁"手枪，这种手枪利用简单的扳机连锁就能实现击锤的翘起和落下。由于不需要，亚当斯转轮枪就没有让击锤翘起的击锤击发器。这会减小击锤卡住的概率，但由于击锤需要使劲拉动扳机时才能翘起，这样也会影响精准度。1862年，博蒙特-亚当斯转轮枪的出现纠正了这个缺陷，这种转轮枪的击锤可以通过手动或扳机动作翘起。手动翘起扳机时，只需轻轻扣动扳机，击锤就能落下，几乎不影响瞄准，但此时射速比较慢。必要时，使用者也可以通过使劲扣动扳机来快速连续射击。

　　双动手枪不需要手动翘起击锤就能实现连续射击，通常人们会认为它是转轮枪史上的一大进步，并且会很快取代单动手枪的地位。但是，事实并非如此。1858年美国军方采购了一批斯塔尔双动手枪，但发现它过于复杂，结果从1863年开始重新采购一种先进的单动手枪。

　　在口径方面，人们也进行了很多尝试。人们长期以来的理解是口径越大，子弹越重，枪口速度就会越快，精准度会越高，对目标造成的伤害会越大。但是也有人持相反的意见，有些人认为尺寸小、速度快的子弹比尺寸大、速度慢的子弹更有效，当然子弹尺寸小也会减小手枪本身的尺寸并减轻重量。在一些情况下，口径的选择不仅仅是弹道的问题，有时也需要考虑美

亚当斯转轮枪

原产国	英国
时间	1851年
口径	12.4毫米
重量	1.27千克
全长	330毫米
装弹	6发转轮枪
射程	12米

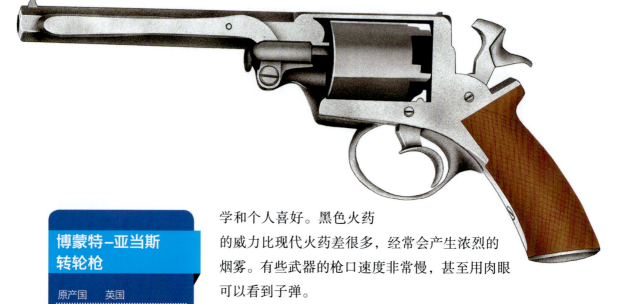

学和个人喜好。黑色火药的威力比现代火药差很多，经常会产生浓烈的烟雾。有些武器的枪口速度非常慢，甚至用肉眼可以看到子弹。

那个时期出现了一个惯例，海军手枪口径较小，例如 9.1 毫米口径；陆军手枪口径较大，例如 11.2 毫米或 11.43 毫米口径。事实上，这只是营销策略，两种口径的武器在海军和陆军中都很受欢迎，并没有很严格的偏好。但是，人们已经产生了海军手枪口径较小的思维定式。

塞缪尔·柯尔特也是这场营销活动的主要推动者，柯尔特的营销天赋与其手枪设计天赋不相上下。正是柯尔特创造了"海军手枪"和"陆军手枪"的概念，他的手枪已经成为武器市场重要的组成部分。19 世纪中叶，柯尔特的主要竞争对手是雷明顿武器公司，雷明顿公司生产的手枪评价很高，在人们心中它都要优于同型号的柯尔特手枪。雷明顿手枪以结构坚固和做

工精良而著称。此外，臭名昭著的绑匪杰斯·詹姆斯等人也助
长了雷明顿手枪的名气。

大胆的创新试验

19世纪中期，欧洲大陆发生了克里米亚战争，克里米亚战
争也是欧洲军队参加的最后一场以前装弹燧发枪为主要作战装
备的战争。克里米亚战争于1856年结束，随后不久美国就爆发
了内战。这两场战争都见证了火器技术的显著发展，在战争期
间出现了一些大胆的创新。并不是所有的进步都限于技术方面，
降低成本和加快量产速度的技术也同样重要，这样战斗双方才
能应对巨大的武器需求。

人们也经过多次创新尝试，当然并不是所有的尝试都获得
成功。勒马特转轮枪是一把9发滑膛枪，它还能变成一把单发
猎枪。使用者通过调整击锤就能实现手枪和猎枪之间的转变。

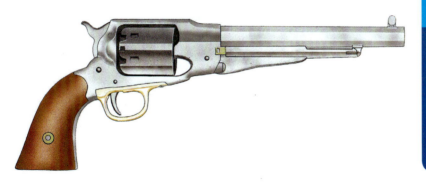

柯尔特 M1851 海军手枪	
原产国	英国
时间	1851 年
口径	9.1 毫米
重量	1.02 千克
全长	328 毫米
装弹	6 发转轮枪
射程	20 米

雷明顿 M1863 型 海军手枪	
原产国	美国
时间	1863 年
口径	11.2 毫米
重量	1.1 千克
全长	349 毫米
装弹	6 发转轮枪
射程	12 米

勒马特转轮枪

原产国	法国
时间	1858 年
口径	7.62 毫米
重量	1.64 千克
全长	337 毫米
装弹	9 发转轮枪或单发猎枪
射程	15 米

理论上讲，它对骑兵来说是一种强有力的武器，但是它的做工不好，并只生产了很少的数量。尽管有些人很喜欢它，但是它并没有获得广泛的认可，也没有获得商业上的成功。很快，它就消失在了公众视野中。

另一个不太成功的试验是柯尔特的转轮步枪项目，在该项目中柯尔特旨在将转轮机制应用到卡宾枪或步枪上。柯尔特M1855转轮步枪成为美国军队第一种连发步枪，理论上讲它有很多优点。它与转轮枪使用相同的弹药，而且部分零部件也完全相同。但是，转轮步枪走火的概率很大，发射一发子弹可能会引爆其他子弹。对于转轮枪来说，如果转轮发生爆炸，使用者可能会躲过严重的伤害；但是对于转轮步枪来说，使用者的手臂正好位于转轮的侧前方，转轮爆炸肯定会对使用者造成非常严重的伤害。

尽管转轮步枪在战争中发挥了一定的作用，但由于存在

柯尔特 M1860 海军手枪

原产国	美国
时间	1860 年
口径	11.2 毫米
重量	1.25 千克
全长	349 毫米
装弹	6 发转轮枪
射程	12 米

◀　照片拍摄于美国内战期间，当时的军事人员拍照时常拿着手枪摆造型，其中最常见的就是柯尔特转轮枪。

严重的稳定性问题，战争结束后便逐渐消失。人们还想出了一把手枪搭配一个同口径长枪管的想法，但这个概念也没有获得成功。直到现代这个得到复兴，人们据此研制出了 FN P90 和 FN 57 手枪。

　　值得注意的是，在克里米亚战争时期欧洲骑兵的主武器仍然是刀剑，而 10 年后的美国内战中，骑兵的主武器就变成了火器。美国内战时，骑兵尤其是北方的骑兵经常会下马徒步作战，而不是传统的骑马持刀冲锋。一个原因是北方骑兵的骑术不精，另一个原因是装备的火器威力显著提高，下马作战效率更高。

当南北双方骑兵相遇时，他们也使用刀剑战斗，但很快火器就成为决定性的武器。早期的乘骑战斗已经证明燧发手枪的效果不如传统的刀剑，但转轮枪出现后情况就完全不同了，转轮枪可以在骑兵小规模战斗中伺机多次发射，它完全取代了传统刀剑的地位。尤其是北方骑兵，完全将转轮枪作为自己的主要作战武器，小型突击队从威力强大的转轮枪中受益匪浅。骑兵往往将转轮枪挂在腰带上作为个人武器，这表明转轮枪已经取代刀剑成为首要武器。当然，骑兵也会携带刀剑，但往往是挂在马鞍上起辅助作用。

美国内战爆发后，一体式子弹出现，但由于数量不足而没有起到决定性作用。事实上，当时有些部队由于缺乏装备仍然使用原始的燧发枪。美国内战中使用的主要是前膛装弹的火帽武器，战争结束后很多火帽武器都流向西部。今天美国西部小说或电影的情节中出现的大部分都是子弹武器，但事实上西部是由火帽和弹丸武器打开的。

子弹和膛线

膛线的概念始于 1500 年，最开始只是应用在一些猎枪上。膛线的概念是在枪管内部刻上一组螺旋槽，这样发射的子弹就会旋转，进而稳定性更高，当然前提是子弹与螺旋槽接触。

大多数早期火器都是滑膛式的，没有使用膛线枪管。它们使用的是球形弹丸，弹丸的直径要比枪管小，以保证弹丸无阻

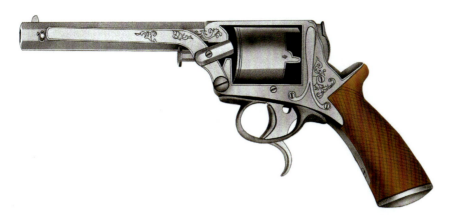

碰地发射。为了防止弹丸滚出枪管，人们会用一个纸垫封住枪管顶部，这样不仅能防止弹丸掉出来，还可用作一种密封措施，有助于加快弹丸的枪口速度。由于不符合空气动力学原理，球形弹丸的速度会在空气阻力的作用下迅速衰减，降低精准度和威力。人们为此研制了做工精良的长枪管，尽管精准度和威力有所提高，但滑膛枪的局限性仍然无法克服。

　　尽管膛线枪管有明显的优势，但它需要通过枪管时能紧贴膛线的更加精准的弹丸。这就意味着弹丸的尺寸应该与口径相同。在滑膛武器中，弹丸经常会从枪管掉落出来，但对膛线武器来说，弹丸需要硬塞进去。当武器发射几次后，枪管内充满了火药残渍等污物，向枪管内塞弹丸就会变得非常困难。

特兰特转轮枪	
原产国	美国
时间	1855 年
口径	11.2 毫米
重量	0.88 千克
全长	165 毫米
装弹	5 发转轮枪
射程	12 米

弹道的发展

　　对于战场上集群作战的步兵来说，多次射击的能力要优先

兰开斯特手枪	
原产国	美国
时间	1882 年
口径	9.65 毫米
重量	1.13 千克
全长	279 毫米
装弹	4 管，每管 1 发
射程	15 米

▲ 美国内战保留下来的纪念品。有些纪念品至今仍能使用，但使用前都需要由经验丰富的军械师进行检查。

于精准度和射程，因此尽管膛线武器已经广泛使用，但很长时间以来滑膛武器都是一个重要的选项。对手枪使用者来说，发射的每发子弹都应该起到一定作用。早期的膛线手枪使用球形子弹，后来随着弹道的研究和发展出现了更好的圆锥形子弹。锥形子弹不是完美的圆锥形，只是基本呈现出圆锥形，只要子弹尖头朝前，圆锥形子弹的气动性要比球形子弹强很多。

圆锥形子弹发明于 19 世纪 20 年代，但一直没有引起注意，直到 1847 年出现米尼子弹。不到 10 年时间，军队就开始使用圆锥形子弹，并一直沿用至今。米尼子弹的尺寸略小于枪管口径，可以实现前膛装弹。当武器发射时，膨胀气体会塞满子弹

勒佛歇转轮枪	
原产国	法国
时间	1861 年
口径	9 毫米
重量	0.56 千克
全长	213 毫米
装弹	6 发转轮枪
射程	12 米

底部的真空，使得子弹略微膨胀，进而在通过枪管时紧靠膛线。子弹在飞行过程中以自我修正的方式旋转和振荡，保证弹头一直朝向前方，这极大保证了子弹的前进方向并减少了动能的损失，最终使得精准度和威力有很大的提高。

膛线枪很快取代了滑膛枪。虽然膛线枪管制造起来比较困难，并且子弹比较昂贵，但膛线枪的优点比缺点更明显。装弹方式仍然沿用以前的方法，但每一次射击都会更有效。对于探险家、骑兵和军官，或者任何需要自卫的人来说，有一把膛线枪会更有优势。

到 19 世纪中期，发射圆锥形子弹的膛线枪逐渐成为标准。与现代武器相比，膛线枪只缺一个要素——子弹。使用纸质、布质和金属子弹的尝试一直在进行，但直到美国内战结束，膛线武器才开始盛行。一旦膛线武器成为主流，火器的发展便进入现代时期。

韦伯利转轮枪	
原产国	英国
时间	1853 年
口径	11.2 毫米
重量	1.05 千克
全长	317 毫米
装弹	5 发转轮枪
射程	202 米

▲ 1900 年 4 月，陶斯上尉率领一支英国小分队击败了对方的进攻。这场战斗的特别之处在于，英国步兵的远程步枪起到决定性的作用。

第三章

早期的弹壳子弹手枪

"弹壳子弹"的概念早在金属一体式子弹发明前就出现了，最初人们用一个纸质容器放置弹丸和预先称量好的火药。使用者也可以用一个火药筒直接从枪口填入火药，但添加的数量都是经过估算的，显然预先称量好的火药更有优势。利用火药筒填入火药很危险，一个小火星就能让火药筒变成炸弹。为了避免这种情况的发生，人们常把火药预先称量好，即使被火星引燃，它也不会造成很大的破坏。

预先包装好的子弹不仅能够节省装弹时间，而且有很多其他优点：提高安全性和发射威力。向武器填装适量的火药是非常重要的，火药量太多会出现失控，甚至会造成枪管爆炸。火

KUFAHL 撞针转轮枪

原产国	德国
时间	1870 年
口径	7.36 毫米
重量	0.62 千克
全长	244 毫米
装弹	6 发转轮枪
射程	15 米

药量太少会造成威力不足，降低子弹的精准度，缩短射程，减小打击力。如果火药量太少，爆炸威力有时甚至无法将子弹射出枪口，这在战斗中是很难辨别的。因此，步枪要比手枪使用者面临更多的问题。手枪使用者往往只需要发射一次，他们在发射后会知道是否有效，但是对于战场上的士兵来说，他们就需要反复射击。

没有发射的弹丸和残留的火药会被塞回枪管，接着塞入另一个弹丸和主火药。这样可能会让武器无法射击，但偶尔两个弹丸会被一起发射出去。使用弹壳子弹时也会出现发射失灵的问题，但至少使用者知道应该添加足量的火药来发射残留的弹丸。

▼ 图中显示出转轮枪是如何从前膛装弹变成后膛装弹的。枪械师通过移除转轮后部和火帽，并插入一个包含有撞针和退壳器的圆板（图2所示），从而实现后膛装弹。

撞针引爆

尽管装有预先称量好的火药和弹丸的弹壳子弹是一种很有

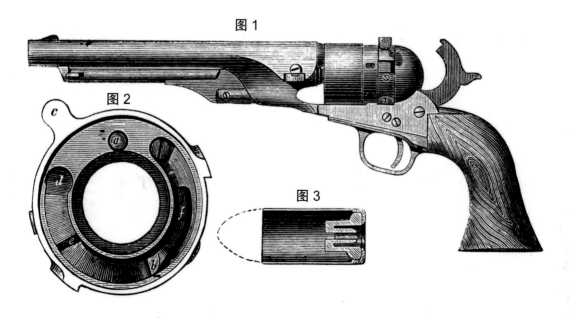

THE COLT BREECH-LOADING REVOLVER.

图1

图2

图3

优势的新技术，但还存在很多缺点，人们希望研制一种更方便的子弹。早在 19 世纪初，瑞士人塞缪尔·保利和法国人弗朗索瓦丝·普雷拉塔就发明了一体式子弹。这种一体式子弹是纸质的，但底座是铜质的，里面含有雷酸汞（火帽也使用这种化合物）。子弹的外壳是纸质的，火药和弹丸都放置在底座上。它利用撞针的撞击来引爆火药，因此也叫作撞针武器。

　　有些使用者对新型子弹持怀疑态度，因为子弹底部受到剧烈撞击时可能会引爆里面的火药。考虑到早期火帽非常不稳定，因此处理起来要非常谨慎。尽管如此，在人们的不断努力下，撞针子弹也在逐渐完善。撞针武器需要从后膛装弹，因为不可能将一个完整的子弹从枪口塞到发射位置。因此，这导致很多后膛装弹武器出现。

　　撞针概念是从 18 世纪发展起来的，它有很多变体，其中一种是布质子弹，它的火帽在火药前部，在弹丸和火药之间。撞针刺穿布质外壳后就会击发主火药。后来，德国军械师约翰·德莱赛发明了一种撞针步枪，它采用相同尺寸的纸质子弹，后来的事实证明它比前膛装弹武器优越很多。在 1866 年的普鲁士 - 奥地利战争中，装备德莱赛步枪的普鲁士军队能够射击得更快、更远，使用老式步枪的奥地利军队需要站着从枪口装弹，而普鲁士军队则完全可以隐藏起来快速地从后膛装弹。

　　其间，法国人卡西米尔·勒佛歇发明了针发式子弹，针发式子弹的原理与撞针子弹类似，两者可以算是同胞兄弟。针发式子弹是一种火帽嵌在内部的一体式子弹。当受到击锤的冲击时，撞针就会击发火帽。针发式子弹的击锤动作与撞针子弹略有不同，针发式子弹受到锤击的部位是侧面。撞针子弹的撞针则是受到击锤作用向前推动。两者在击锤弧度上略有不同，撞针式武器的击锤不会超过枪管线外侧，因此弧度较小。而针发式武器就需要使用弧度更大的击锤。

　　随着撞针式武器和针发式武器的逐渐盛行，手枪设计也不断发生变化。由于子弹的特殊形状，有些甚至带有凸出销，不管子弹多么小，都需要武器能够从后膛装弹。这就衍生出很多

▲ 尽管以今天的标准来看，它显得很老旧，但在当时一把高质量的针发式转轮枪是一把艺术级的武器，需要用一个木箱工具盒放置其他配件。

断开式设计，枪管和转轮铰接在一起，使握把和发射机构向下转向并打开。另一种方式是在转轮后部安装一个装弹门。

现代子弹

　　针发式和撞针式武器在 19 世纪中期变得非常普及，但此时其替代品已经问世。其中，最新奇的是缘发式子弹——火帽构成圆形边缘，上面有一个非常轻的小球。最初，缘发式子弹并没有推进火药，只用作以娱乐为目的的短程射击。

　　1857 年出现了一种可用的缘发式子弹。子弹底部的圆形边缘是一种击发材料，它受到撞针冲击时就能击发。这种技术得到验证后，它就被应用到各种尺寸的子弹上。尽管对于较大口径武器，中心发火式子弹更有效，但缘发式子弹仍然沿用至今。最有名的缘发式武器是 5.6 毫米口径的长管步枪，直至今天仍然有很多人使用。缘发式子弹也有过几次复兴，出现了一些新口径，但无一例外都是小口径。

全世界的军械师都在不断研究如何将火帽融合进子弹中，最终他们研制出现在熟知的底火。本质上讲，设计底火时需要考虑能够同时击发尽可能多的主火药。将底火放置在子弹后部的中心处，底火受到撞针的猛烈撞击就能击发。1866 年，来自英国和美国的发明者都申请了底火的专利，尽管两者设计不同、但基本原理相同。后来，人们发现黄铜材料更好，黄铜子弹比以前的普通铜质子弹更坚固，装弹时不会出现弯曲情况。中心发火式子弹在大口径的武器中都得到了验证，基本取代了缘发式子弹的地位，除了一些小口径武器。中心发火式子弹已经有 150 多年的历史，时至今日仍然经久不衰。

无烟火药

有人认为，现代武器的开端始于足够坚固的一体式金属子弹的发明，这种说法很有道理。杠杆机制、枪栓机制以及后来的半自动和全自动武器都需要坚固的子弹，这种子弹在装载受压时不会变形或破裂。对现代武器来说，还需要一个重要的因素——比黑火药更先进的火药。有时人们也称之为"无烟火药"，新一代火药是在 19 世纪末出现的，它并不是完全无烟的，也不一定是粉末的形式。在某些地区，它还有其他的名字，主要是涉及火药的类型或品牌。

黑火药燃烧慢，产生的推动力很有限，推动子弹前进时有较大的后坐力。现代火药爆炸就快得多，子弹会迅速发射出去。现代无烟火药几乎没有固体残渣堵塞枪管，也不会产生很多烟雾。如果烟雾很少，有利于射击者瞄准，还能消除战场上的大量烟雾。对于个人使用者来说，现代火药能够让武器射速更快，更精准，威力更大。人们受此启发，也不断尝试以增大武器枪膛可承受的压力。

Volcanic 手枪

原产国	美国
时间	1855 年
口径	11.2 毫米
重量	0.8 千克
全长	279 毫米
装弹	6 发内置弹管
射程	15 米

火药威力越大也就意味着武器承受的负载越大。以前薄弱的地方现在就可能会对使用者造成伤害，因此武器必须比以前更坚固。连接件和接缝都是潜在的缺陷，更重要的是枪膛，它的周围必须包裹坚硬的金属以防止破裂。由现代火药引发的另一个重大变化是让武器能够利用爆炸产生的气体压力或反冲。利用新一代子弹让自动装弹武器（通常利用枪栓或滑套）成为可能，同时这也反过来让武器能够携带可拆卸或固定弹匣。金属子弹足够坚固，发射后可通过弹簧加载机制填入武器后膛。

因此，机关枪、半自动步枪、突击步枪和半自动手枪都能变成现实，但是它们的演变过程仍然是漫长的。

早期的史密斯 & 维森手枪

第一批使用的一体式子弹早在 19 世纪中叶就出现了，其中就包括贺瑞斯·史密斯和丹尼尔·维森共同研制的 Volcanic 手枪。Volcanic 手枪是一种连发枪，它利用手指控制杠杆系统将枪管下管状固定弹管内部的子弹填入枪膛。在 Volcanic 手枪展示期，它的火力优势强于很多其他类似的武器，主要原因是它的重新装弹速度明显快于转轮枪。尽管性能优越，Volcanic 手枪并没有获得成功，只有一些有好奇心的顾客选择购买。内置弹仓手枪已经出现，其他杠杆机构手枪设计也相继问世，由于销量不佳，

▲ 马萨诸塞州斯普林菲尔德史密斯＆维森工厂繁忙的场景。工人们夜以继日地工作为国内外市场制造数量众多的手枪。

Volcanic 手枪的设计者们很快转向其他项目。

史密斯和维森一起组建了史密斯 & 维森公司来生产他们研制的手枪，后来公司更名为 Volcanic 连发武器公司，并开始生产新型手枪和步枪。史密斯和维森不久便离开了公司，但公司在经历多次困难后更名为温彻斯特连发武器公司，并逐渐发展成为杠杆机构步枪的龙头制造商。尽管 Volcanic 手枪没有获得成功，但它为亨利和温彻斯特步枪等标志性武器奠定了基础。

与此同时，Volcanic 手枪的发明者组建了新的史密斯 & 维森转轮枪公司，并在 1857 年推出了 M1 型 7 发转轮枪。M1 型转轮枪使用了专门为它研制的 5.6 毫米口径缘发式一体化子弹。对于装弹方式，M1 型转轮枪使用了可翻起的系统，武器前后端铰接在一起，转轮可以向外转出重新装弹或更换转轮。尽管这套系统效率不高，但以 19 世纪中期的标准来说效率已经很高了，它一经问世便深受欢迎。M1 型转轮枪销量超过 11000 支，随后 1860 年公司又推出了 M1 改进型转轮枪，其销量达到 10 万支。公司在 1868—1882 年间推出了第三种型号，其销量达到 13000 支。

M1 型转轮枪尺寸很小，方便携带，但它射程和威力有限。它在民用市场上很受欢迎，但是对军队来说，他们需要口径更大的武器。1861 年史密斯 & 维森转轮枪公司推出了 8.1 毫米口径的史密斯 & 维森 2 号转轮枪。著名电影《野蛮比尔》中的希科克使用的就是史密斯 & 维森 2 号转轮枪，此外美国内战中南

史密斯 & 维森 M1 型转轮枪

原产国	美国
时间	1857 年
口径	5.6 毫米
重量	0.33 千克
全长	178 毫米
装弹	7 发转轮枪
射程	10 米

史密斯 & 维森 2 号转轮枪	
原产国	美国
时间	1866 年
口径	8.1 毫米
重量	0.33 千克
全长	178 毫米
装弹	7 发转轮枪
射程	10 米

北双方也广泛使用它。尽管 2 号转轮枪并不是南北双方军队的标准武器，但它深受个人的喜欢。公司还在 1865 年推出了一款 M1 型转轮枪的放大版本，它是根据 M1 型转轮枪的框架制造的，也使用 8.1 毫米口径的子弹。

　　尽管以当时的标准来说，其威力有限，但是这些转轮枪的销量仍然非常巨大，使得史密斯 & 维森公司成为手枪市场上一家举足轻重的供应商。公司的下一个产品是 1870 年的 3 号转轮枪，它的外观比前几代更现代，口径也更大，使用 9.65 毫米口径子弹。3 号转轮枪使用了撅把式设计，铰接的枪管向下旋转以露出转轮来装弹。公司还与俄罗斯军方签订了供应协议，为他们生产了一种改造型号，但史密斯 & 维森公司在美国市场的销量并不佳，因为那里的主宰者是柯尔特公司。

史密斯 & 维森 3 号转轮枪	
原产国	美国
时间	1870 年
口径	9.65 毫米
重量	1.02 千克
全长	317 毫米
装弹	6 发转轮枪
射程	20 米

<table>
<tr><th colspan="2">史密斯 & 维森俄罗斯型转轮枪</th></tr>
</table>

原产国	美国
时间	1870 年
口径	11.2 毫米
重量	1.02 千克
全长	317 毫米
装弹	6 发转轮枪
射程	20 米

新一代手枪

美国内战结束时，子弹枪支正变得越来越普遍。但是考虑到重新装备一支庞大的军队花费巨大，因此新型武器的购买者通常是那些需要自卫的个人或一些小型部队。火帽 - 弹丸转轮枪、撞针式和缘发式武器逐渐让位于更先进的武器。先进武器中的佼佼者是柯尔特单动手枪，它也被称为 M1873 手枪或和事佬手枪。M1873 手枪没有铰接枪管，使用者通过转轮后部的一个小门装弹，这让击锤处于半翘起状态能让转轮自由旋转，这样通过转动转轮就能让每个弹膛对准装弹门。枪管下部有一个推杆，使用者利用推杆就能将弹壳推出去并填入新子弹。

M1873 手枪有时会在半击发状态发射，因此转轮中其中一个弹膛是空的，它并没有任何装置来防止武器走火。装弹门系统的优点是，在紧急情况中使用者可以将一发子弹装进枪内快速发射。有经验的使用者会先调整好转轮，然后翘起击锤到发射状态，再快速射击。

柯尔特 M1873 转轮枪有多种口径范围，其中一种能使用大威力的 11.43 毫米口径子弹。除了口径不同，柯尔特 M1873 转轮枪还有多种枪管长度可供选择，有些枪管相当长，但大部分还是根据客户需要量身制造的。例如，骑兵型号就使用 19.5 厘

米长的枪管，以保证乘骑射击的精准度；炮兵型号使用 14 厘米长的枪管，以满足技术人员方便携带且能快速部署的要求；枪管最短的是治安官型号，因为警员和治安官需要一把便于隐藏并能够快速射击的手枪。

　　柯尔特 M1873 转轮枪在军队中获得了巨大的成功，即使更先进的武器问世很长时间后，在 1898 年的美西战争中，它仍然算是半官方的武器。柯尔特 M1873 转轮枪的很多替代者口径都变小，因此威力有所下降。此外，人们长期以来对柯尔特 11.43 毫米口径手枪的喜爱已经深深印入脑中，因此公司推出了使用相同口径子弹的 M1911 半自动手枪。1878 年，柯尔特公司根据先前的单动手枪设计研发了一种双动转轮枪。两者基本相同，只是在双动转轮枪中，扳机到击锤之间增加了一根连杆，这样就能在扣动扳机时翘起击锤。扣动扳机的力要很大，这会影响精准度，但射速会明显提高。

　　双动转轮枪并没有立即取代单动转轮枪，原因是人们担忧双动转轮枪的机械稳定性。随着时间的推移，双动转轮枪逐渐成为标准的军用、执法用和民用武器。双动转轮枪既可以在需要时利用扳机翘起击锤进行快速射击，可以利用拇指跷起击锤进行精准射击，一旦双动转轮枪变得足够稳定，人们没有理由

柯尔特 M1873 单动转轮枪

原产国	美国
时间	1873 年
口径	11.2 毫米
重量	1.08 千克
全长	330 毫米
装弹	6 发转轮枪
射程	20 米

▲ 柯尔特单动转轮枪（和事佬转轮枪）凭借在美国西部的优异表现而著称。现在的西部电影相当不准确，没有展示出柯尔特转轮枪的重要作用。

继续使用单动手枪，除非是对武器的威力要求很高。一直到20世纪中期，只有具有双动功能的武器才更受欢迎。这种武器的击锤不能用拇指跷起，这样可以保护使用者避免一些指控。当时有一个相当费解的逻辑，在合理射击情况下，射击者不能被

　　指控为谋杀或故意伤害，但是如果控方有证据表明射击是偶然
发生的，那么射击者就会被指控。

　　这种情况下的策略是声称射击者已经翘起击锤，处于一触即
发的状态，但是不小心突然走火击中受害者，换言之，过失射击

▲ 普法战争是子弹枪支成为主要装备后的第一次重大战争。骑兵根本无法靠近装备精良的步兵部队。

可以有充分的理由被认定为故意射击。一种解决措施是使用击锤不能翘起的武器，这样就不存在一触即发的状态，进而证明射击完全是故意的，接着就能证明蓄意射击是有理由的，那么射击者就能受到法律的制裁。事实证明，击锤无法翘起只有双动功能的转轮枪是一种非常好的个人防御武器。因此枪支设计的发展不仅受技术和战术的影响，也会受到社会因素的驱动。

世界各地的转轮枪

　　19世纪后半段历史的主流是探险、殖民和领土争夺，装备先进的西方殖民者经常与土著发生冲突。美国西部的"枪手时代"存在时间很短，差不多只有五年时间，但它为电影产业提供了丰富的素材，在电影中那似乎是一场无休止的战斗，但现实完全不是那样。

　　事实上，中午突然在大街上决斗是非常罕见的。牧场主之间的领土争端，以及土著人和移民者的战斗，并不像电影中描述的那样普遍。当时治安条件仍然很差，在那样的环境中每个人都需要一把手枪来保证自己的生命和财产安全。连发武器意味着单个执法者或牧场主面对一群人时不会感觉到无助。

　　美国西部获得胜利的同时，欧洲大陆却处于动乱状态，意大利刚刚独立，期间肯定不会缺少战争，而奥斯曼帝国却逐渐衰落。19世纪70年代的一系列小冲突最终导致了1870—1871年间的普法战争。这个时代意义重大，它是传统战争和新型战争的过渡期。后膛装弹武器、早期机关枪以及利用铁路运输军队和补给品等一系列新措施正改变着战争的面貌。

　　此时，传统的骑兵部队已经跟不上时代的脚步，他们还没

雷明顿 M1875 转轮枪	
原产国	美国
时间	1875 年
口径	11.2 毫米
重量	1.2 千克
全长	330 毫米
装弹	6 发转轮枪
射程	8 米

沙默洛·迪瓦恩 M1874 转轮枪

原产国	比利时
时间	1874 年
口径	10.2 毫米
重量	1.13 千克
全长	284 毫米
装弹	6 发转轮枪
射程	6 米

有靠近敌人就会被打成筛子。当然，骑兵肯定不甘心，他们也进行了一些改变，但是他们的时代已经结束了，尽管有些人不愿意看到这一天。但是，骑兵仍然可以在适当的环境中发挥作用。骑警会在加拿大和非洲殖民地的偏远地区巡逻；在没有现代机器的年代，用马来运输部队也是非常有效的方式。

殖民帝国

在殖民帝国时代，殖民者不得不依靠小规模部队与大量的土著军队作战。在有些地方，一支巡逻队或一艘停靠在近海的装甲巡洋舰往往是唯一可以利用的部队，他们通常没有任何的后援部队，因此需要应对发生的一切。对这些先头登陆的部队或巡逻队来说，个人火力显得额外重要，武器的好坏决定了他

博代奥转轮枪

原产国	意大利
时间	1889 年
口径	10.2 毫米
重量	0.91 千克
全长	235 毫米
装弹	6 发转轮枪
射程	20 米

<table>
<tr><td colspan="2">**雷明顿大口径短筒手枪**</td></tr>
<tr><td>原产国</td><td>美国</td></tr>
<tr><td>时间</td><td>1850 年</td></tr>
<tr><td>口径</td><td>10.2 毫米</td></tr>
<tr><td>重量</td><td>0.34 千克</td></tr>
<tr><td>全长</td><td>121 毫米</td></tr>
<tr><td>装弹</td><td>每管 1 发</td></tr>
<tr><td>射程</td><td>3 米</td></tr>
</table>

们的生死。许多有能力的军事人员会购买最新、最先进的转轮枪作为备用武器，或直接替换原来的武器。武器市场繁荣起来，而且很多有趣的设计也不断涌现，有些甚至一出现就成为标准。

雷明顿一直是柯尔特公司的强劲竞争对手，1875 年雷明顿推出了一款 11.2 毫米口径单动 6 发转轮枪，即雷明顿 M1875 转轮枪。雷明顿 M1875 转轮枪是一把美观、威力强大的武器，公司旨在用它争夺美国军方的采购合同。但是它的销量并不大，11.43 毫米口径转轮枪升级版（将柯尔特 M1873 转轮枪作为直接竞争对手）销量也很小。埃及和墨西哥等国家购买了一些，但是它并没有获得大规模的军方采购合同。

两年前，比利时的沙默洛·迪瓦恩转轮枪进入欧洲市场。随后法国军方开始装备 M1873 型和 M1874 型转轮枪，这也让法

<table>
<tr><td colspan="2">**纳甘 M1895 型转轮枪**</td></tr>
<tr><td>原产国</td><td>俄罗斯</td></tr>
<tr><td>时间</td><td>1895 年</td></tr>
<tr><td>口径</td><td>7.62 毫米</td></tr>
<tr><td>重量</td><td>0.79 千克</td></tr>
<tr><td>全长</td><td>229 毫米</td></tr>
<tr><td>装弹</td><td>7 发转轮枪</td></tr>
<tr><td>射程</td><td>20 米</td></tr>
</table>

国军队成为世界上第一支装备连发武器的军队。沙默洛·迪瓦恩转轮枪是一种双动武器，它坚固耐用，很适合在军队经常面对的严酷环境（军队经常遇到）中使用。但是，它的11毫米口径子弹威力不高，而且扳机也很重。尽管存在一些缺点，沙默洛·迪瓦恩转轮枪仍然是欧洲市场上很受欢迎的民用和警用武器，很多甚至一直服役到第一次世界大战结束。它的设计影响了后来的很多手枪，其中就包括意大利设计的博代奥M1889型转轮枪。博代奥M1889型转轮枪利用了重型框架，意大利和西班牙军方都将其作为标准的军方武器，后来公司还推出一款装有折叠扳机的衍生型号。博代奥M1889型转轮枪用于一种典型的20世纪末军用手枪的外观，当时很多类似的武器也是如此。

另一个来自比利时的设计是列昂和埃米尔·纳甘为俄罗斯设计的M1895型转轮枪。M1895型转轮枪使用一种定制的子弹，

▼ 1866年普奥战争期间，枪支让使用者占有很大的优势，但是大多数国家的骑兵仍然试图找到一些理由，好让他们继续使用长矛、刀和剑等传统武器。

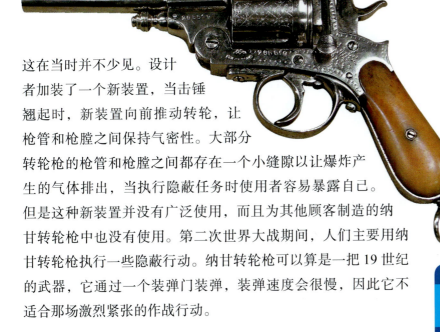

这在当时并不少见。设计者加装了一个新装置，当击锤翘起时，新装置向前推动转轮，让枪管和枪膛之间保持气密性。大部分转轮枪的枪管和枪膛之间都存在一个小缝隙以让爆炸产生的气体排出，当执行隐蔽任务时使用者容易暴露自己。但是这种新装置并没有广泛使用，而且为其他顾客制造的纳甘转轮枪中也没有使用。第二次世界大战期间，人们主要用纳甘转轮枪执行一些隐蔽行动。纳甘转轮枪可以算是一把19世纪的武器，它通过一个装弹门装弹，装弹速度会很慢，因此它不适合那场激烈紧张的作战行动。

重装上阵的骑兵部队

尽管骑兵的冲锋进攻已经变得不现实，但很多国家都保留了大批骑兵作为传统社会地位的象征，而且他们也在尝试尽可能恢复骑兵的战斗能力。将骑兵变成一种装备卡宾枪的骑马步兵似乎是一种比较好的方式，但是这缺少对骑兵的尊重，很多国家都抵制这种方式。另一方面让骑兵装备先进的转轮枪似乎是一种更好的方式，这能让骑兵更接近现代。

加塞尔公司在奥匈帝国推出了一把专门为骑兵设计的转轮枪，当然其他部队和私人使用者也会使用。加塞尔转轮枪使用最初为卡宾枪研制的11毫米口径子弹，枪上还加装了自动退弹系统。设计者在转轮后部加装一个星形板，当枪管向下倾斜时，星形板会被向外推动。这样子弹就能轻轻退出武器，让武器安全或让使用者重新装弹。如果猛拉枪管，所有的子弹都会退出来。编者本人曾经使用过这类武器，而且认为武器市场需要更多的撅把式转轮枪。尽管现代侧摆转轮枪的框架更坚固，但撅

加塞尔门的内哥罗转轮枪	
原产国	奥匈帝国
时间	1870年
口径	11.2毫米
重量	1.3千克
全长	185毫米
装弹	5发转轮枪
射程	20米

把式转轮枪能让使用者使用更加方便。

加塞尔转轮枪还装有一个保险装置，保险装置是一根锁定针，它能将击锤锁锁住，保证满弹状态下的安全性。骑兵的武器会在骑行过程中剧烈晃动或摆动，如果武器的安全性不好，很容易走火。以前骑兵往往会让一个转轮弹槽空载，有这种安全装置后，他们就可以满弹携带了。考虑到在马背上做什么都很困难，更不用说重新装弹，因此如果多出一发子弹是很有价值的。

此时，日本在独立几个世纪后开始崛起。他们抛弃原来的刀剑，转向更先进的枪支，并且随着日本工业化的进程，他们开始在世界舞台上寻找立足之地，现代武器成为当务之急，其中就包括军官用的手枪。结果就是明治 26 型转轮枪，它的名字指代生产时间，即明治天皇恢复统治日本的第 26 年。许多日本

武器都使用类似的命名方法。

明治 26 型转轮枪的外观在线条方面与很多现代手枪很相似。明治 26 型转轮枪不是一把特别有效的武器，它只安装了双动机构，需要很大的力气才能扣动扳机，这会影响精准度。它的口径只有 9 毫米，因此威力也不大。尽管存在很多缺点，但它比其替代品要先进很多，它算是日本军队第一把子弹武器。尽管后来在军队中被更先进的半自动武器取代，但很多年后人们仍然能见到它的身影。

韦伯利转轮枪

英国的韦伯利公司制造了一把在那个时代最典型的撅把式转轮枪——韦伯利转轮枪。韦伯利转轮枪是韦伯利公司的第一个产品，它的口径为 12 毫米，装弹量为 5 发。19 世纪 70 年代的殖民时期，它在军方和民间得到广泛的使用。

在殖民地，军官或探险者有时要面对一个或多个手持原始武器的土著勇士，这些勇士非常勇敢，身体也非常强壮。他们不惧怕任何枪支，唯一能够阻止他们（例如一名祖鲁战士）的方式是击倒他们，让他们无法继续战斗。仅仅造成一个小伤口，即使那个伤口是致命的，通常也不能立即阻止他们。

韦伯利普莱斯转轮枪	
原产国	英国
时间	1876 年
口径	12 毫米
重量	0.7 千克
全长	215 毫米
装弹	5 发转轮枪
射程	20 米

▲ 油画《拯救女王的旗帜》，画中描述的是 1879 年伊桑德瓦纳战役结束后的场景。在当时描述军事行动的绘画作品中，会同时突出刀剑和手枪的作用，但事实并非如此。

**韦伯利斗牛犬
转轮枪**

原产国	英国
时间	1878 年
口径	8.1 毫米
重量	0.31 千克
全长	140 毫米
装弹	5 发转轮枪
射程	15 米

像韦伯利普莱斯转轮枪这样的大口径手枪威力强大，可以轻易击倒敌人，因此赢得了很多赞赏。随后韦伯利公司在 1878 年又推出了斗牛犬转轮枪，斗牛犬转轮枪属于一把双动式自卫手枪，它尺寸很小且方便携带。使用者可以快速地拿出来射击，最初它使用 11.2 毫米口径子弹，能对敌人产生很严重的伤害。后来，公司又推出小口径型号，因为用一把小手枪发射大尺寸子弹会让使用者非常难受。

斗牛犬转轮枪并不是韦伯利公司的第一把双动手枪，第一把双动手枪是 1868 年韦伯利公司为爱尔兰皇家警察研制的 RIC 警用手枪。韦伯利 RIC 手枪的口径是 11.2 毫米，公司也制造了其他口径的型号。RIC 手枪并非只有爱尔兰皇家警察使用，据说在小比格霍恩河战役中，乔治·阿姆斯壮·卡斯特就携带着一把 RIC 手枪。RIC 手枪利用装弹门装弹，其构造与柯尔特 M1873 型单动手枪相同。斗牛犬转轮枪有双动射击功能，因此有些人认为它比柯尔特转轮枪更好。

1887 年最重要的韦伯利转轮枪问世，随后公司又推出多种衍生型号，最后一种是 1915 年的 MK VI 型。第二次世界大战后，有些仍然在英国军队中服役，据说甚至还有一些一直服役到 20 世纪 70 年代。此时，韦伯利公司的主打型号——恩菲尔德 2 号转轮枪，已经被半自动手枪取代。人们经常将恩菲尔德 2 号转轮枪与早期的恩菲尔德 MK I 和 MK II 手枪混淆，后两种从

恩菲尔德 MK I 手枪

原产国	英国
时间	1920 年
口径	9.65 毫米
重量	0.82 千克
全长	254 毫米
装弹	6 发转轮枪
射程	20 米

1880 年就开始装备到英国陆军。韦伯利转轮枪的 12 毫米口径子弹威力巨大，没有辜负人们的期望。但是，由于复杂的退弹系统（可以退出发射后的空弹进而保留实弹）存在很多问题，它们很快消失。韦伯利公司作为补救，推出了更令人满意的替代品。

韦伯利是一把又重又大的手枪，这能帮助吸收部分 11.55 毫米口径子弹产生的强大后坐力。很多使用者都感觉重扳机和强后坐力感的韦伯利手枪难以控制。结果韦伯利公司在 20 世纪 20 年推出了一款 9.65 毫米的小口径替代型号，但在美国市场无人买账，在那里 9.65 毫米口径被认为是一把威力很小的武器。

韦伯利手枪，尤其是韦伯利 MK VI 型，是 20 世纪前半期英国武装部队的象征，它们经历过布尔战争、两次世界大战以及随后的一些小规模冲突。为了应对对手的轻型 9.65 毫米口径

韦伯利 MK I 型手枪

原产国	英国
时间	1912 年
口径	11.55 毫米
重量	0.68 千克
全长	216 毫米
装弹	6 发转轮枪
射程	20 米

转轮枪，韦伯利公司推出了 MK IV 型警用枪。MK IV 型警用枪与当时的史密斯 & 维森手枪口径相同，但专门为军事用途进行了优化。沿着轻量化手枪的趋势继续前进，韦伯利公司推出了相同口径但使用更轻便子弹的 MK II 型手枪。

韦伯利 9.65 毫米口径手枪的成功与第二次世界大战有关。当时应该选择的是恩菲尔德手枪，但恩菲尔德公司无法满足战争时的大规模生产要求，于是英国政府才开始装备韦伯利手枪，并广泛应用到第二次世界大战。

先进的技术

19 世纪末，无烟火药仍然算是一种新技术。人们已经知道同样剂量的新火药能产生更大的枪膛压力，因此子弹的速度会更快。但新技术并不是想使用就能使用的，在某些情况下，利用新技术并不可行。许多手枪都是根据老式火帽 - 弹丸设计改造的，并不能承受无烟火药产生的巨大压力。直到今天这仍然是一个问题，很多老式手枪都无法利用现代火药射击。

随着研究的进行和理解的深入，人们研制出新一代火药以及使用它的武器。史密斯 & 维森率先推出几款新手枪和新子弹，其中就包括 1896 年制造的 8.1 毫米口径手枪。新型史密斯 & 维森手枪使用公司制造的专用长条形子弹。长条形子弹能包含更多的火药，产生更快的枪口速度，让小口径武器产生更大的威力。新型史密斯 & 维森手枪还有一项新技术——摇摆式转轮。

侧摆转轮设计

史密斯 & 维森转轮枪一直以来都是采用撅把式，但后来他们又推出一款侧摆转轮设计。在撅把式设计中，使用者需要折开顶端，然后重新装弹或更换转轮；在侧摆转轮设计中，使用者通过打一个开关来解锁转轮，然后将它推到一侧重新装弹，枪管下部还有一根退壳杆，用来退出弹壳。现在，人们会认为早期侧摆转轮枪强度不够，很容易损坏，但在当时这套系统在

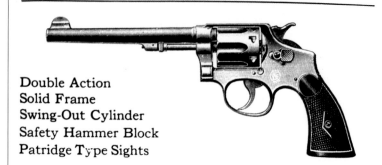

Military and Police
SQUARE BUTT
NEW PATENT SAFETY HAMMER BLOCK

Double Action
Solid Frame
Swing-Out Cylinder
Safety Hammer Block
Patridge Type Sights

Description

Calibre	.38
Lengths of Barrel	4, 5, and 6 inches
Lengths over all	4 inch Bbl., $9\frac{1}{8}$ inches; 5 inch Bbl., $10\frac{1}{8}$ inches; 6 inch Bbl., $11\frac{1}{8}$ inches
Finish	Nickel Plated or Blued
Stock	Walnut, Checked
Weight	4 inch Bbl., $29\frac{1}{4}$ ounces; 5 inch Bbl., 30 ounces; 6 inch Bbl., 31 ounces
Ammunition	.38 Smith & Wesson Special Cartridge
Penetration	Eight and one-half $\frac{7}{8}$ inch Pine Boards
Number of Shots	Six

This arm can be furnished with Target Sights in the 6 inch length, Blued Finish only, at an additional cost.

Nickel Plated Finish Same Price as Blued Finish

▶ 史密斯 & 维森 M10 型转轮枪，即著名的军用和警用转轮枪，一直以来都是最受欢迎的转轮枪之一。凭借非常先进的设计，在很多年后 M10 型转轮枪仍然很有竞争力。

其他转轮枪中工作得很好，其中包括 1899 年的手动退弹 M10 型转轮枪。起初，人们想要 M10 型转轮枪使用 9.65 毫米口径的柯尔特长型子弹，但后来转而使用史密斯 & 维森公司制造的新型 9.65 毫米口径特种弹。后来，美国军方与史密斯 & 维森公司签订大规模采购合同，M10 型转轮枪成为人们熟知的军用和警用手枪。

由于 9.65 毫米口径长型子弹威力不高，因此人们决定使用威力更大的 9.65 毫米口径特种弹。但是在实际作战中，在菲律

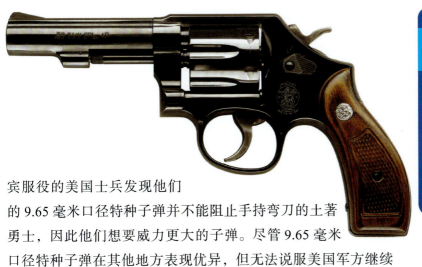

史密斯 & 维森 M10 型转轮枪	
原产国	奥匈帝国
时间	1899 年
口径	9.65 毫米
重量	1 千克
全长	236 毫米
装弹	6 发转轮枪
射程	20 米

宾服役的美国士兵发现他们的 9.65 毫米口径特种子弹并不能阻止手持弯刀的土著勇士，因此他们想要威力更大的子弹。尽管 9.65 毫米口径特种子弹在其他地方表现优异，但无法说服美国军方继续坚持下去，最终人们开始使用 11.43 毫米口径子弹。

　　与此同时，9.65 毫米口径的 M10 型转轮枪在民用和警用市场得到广泛的普及。9.65 毫米口径子弹对警察来说完全够用，M10 型转轮枪成为美国警察部门使用最广泛的武器，一直服役到 20 世纪 80 年代中后期，在有些警察部门服役时间甚至更长。此外，M10 型转轮枪在安保人员、需要自卫的人员以及竞技射击选手中也很受欢迎。公司还推出很多 M10 型的改进型号，其中最著名的是在退弹杆上加装了一个保护套，后来这也成为大多数转轮枪的特征。M10 型以及各种枪管长度和握把形状的改

M1892 型转轮枪	
原产国	法国
时间	1892 年
口径	8 毫米
重量	0.94 千克
全长	240 毫米
装弹	6 发转轮枪
射程	20 米

进型总销量超过 600 万支。

M10 型转轮枪并不是第一支采用侧摆转轮设计的转轮枪。第一支侧摆转轮枪是柯尔特公司为美国军方研制的 M1889 型转轮枪。M1889 型转轮枪在军用和民用市场上的表现一般，其缺点在于转轮有时无法对齐。枪管和转轮对齐是非常重要的，因此这个缺点是很严重的问题。

其他公司也推出了自己的侧摆转轮枪，但只有少数获得了成功。法国的 M1892 型转轮枪广泛应用于法国军队和执法部门，有人将它与著名枪支设计师尼古拉斯·勒贝尔联系在一起，但事实上并没有证据表明他与 M1892 型转轮枪的研发有关。M1892 型转轮枪做工精细，但子弹口径只有 8 毫米，威力略显不足。尽管如此，它仍然算是一把非常出色的转轮枪，一直在法国警察部门服役到 20 世纪中叶。

概念型号

其他制造商也推出了一些概念型号。艾弗·约翰逊公司在他们的撅把式转轮枪上加装了一根传动杆。后来，公司推出了一款侧摆式转轮枪，但仍然保留了这种安全装置。艾弗·约翰逊公司将自己的手枪定义为"安全自动手枪"，但事实上它们并非现代意义上的自动或半自动手枪；他们所谓的"自动"指的是枪管向下时可以自动退弹。"安全"指的则是手枪上的安全装

艾弗·约翰逊 转轮枪	
原产国	美国
时间	1894 年
口径	8.1 毫米
重量	0.59 千克
全长	197 毫米
装弹	6 发转轮枪
射程	20 米

艾弗·约翰逊 2 型 转轮枪	
原产国	美国
时间	1896 年
口径	8.1 毫米
重量	0.59 千克
全长	197 毫米
装弹	6 发转轮枪
射程	20 米

置，该装置在击锤翘起时能移动击锤和撞针之间的传动杆。传动杆就位后，击锤产生的力会传递给撞针，转轮枪就会发射子弹。没有传动杆，不管击锤的撞击力有多大，也只是白费力气。

　　传动杆意味着使用者携带转轮枪时可以满载子弹，后来它也成为转轮枪设计的标准。尽管如此，人们仍然相信为了100% 的安全，携带转轮枪时要让一个弹膛空载。还有部分原因是因为在执法者的实践中，他们习惯于让一个弹膛空载。第一枪并没有子弹，第二枪才会有子弹。如果执法者被缴械，袭击者用缴来的手枪射击，那么第一枪会失灵，这会给袭击者造成很大的心理压力，也会让执法者有时间采取应对措施。这样执法者有可能会从最危险的情况中寻得一线生机。目前并不清楚这种做法有多普遍，但可以肯定的是这种想法已经存在了很长时间。

　　现在的问题是现代转轮枪（大部分是 1900 年制造的）和许多装有安全装置的复制品（1900 年前的经典型号）都可以满弹安全携带。即使如此，很多牛仔竞技比赛都要

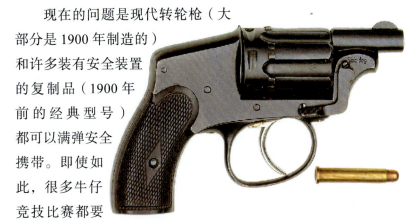

贾兰德 "Velo dog" 转轮枪	
原产国	法国
时间	1894 年
口径	5.6 毫米
重量	不详
全长	不详
装弹	6 发转轮枪
射程	15 米

求 6 发枪只能装 5 发子弹，以还原历史的真实性。

有些转轮枪是在 19 世纪最后几年出现的，在一定程度上受当时特殊社会环境的影响。值得注意的是艾弗·约翰逊公司不仅制造武器，还生产自行车。自行车是在 19 世纪后期逐渐流行起来，在某些情况下自行车还创造了一个特殊的武器市场。当时骑行者都受到野狗的困扰，野狗都喜欢追逐撕咬自行车，最好的解决办法是用武器射击逼近的野狗，当然武器的威力不一定非得致命。法国军械师查尔斯·弗朗索瓦丝·贾兰德研制了一把可以在自行车上方便携带的小型转轮枪，当野狗出现时骑行者可以很快拿出来射击。"Velo dog"手枪发射的是粉末子弹，它不会对动物造成致命的伤害。

个人防御

其他制造商也很快进入这个新兴市场，推出了一系列"Velo dog"转轮枪。它们的共同特点是尺寸和口径都很小，都没有外置击锤，防止骑行者抽出武器时击锤挂住衣物。制造商还生产了其他特殊的型号，例如有一种是专门用来对付蛇的。不管怎样，"Velo dog"转轮枪都是一种时代的产物，随着时代的进步逐渐消失在人们面前。另一个时代的产物是阿帕奇转管枪，"阿帕奇"是美国印第安部落的名字，里面都是勇猛的战士。当时街头帮派用这个名字显示自己勇猛好斗。

阿帕奇转管枪上包含有一个指节铜环和一把小刀。它可以用作手持武器，也可以在打斗期间给敌人突然一击。但是在实践中，它容易损坏、难以操作而且低效，唯一令人新奇的地方

阿帕奇转管枪	
原产国	法国
时间	1869 年
口径	7 毫米
重量	0.62 千克
全长	200 毫米
装弹	可拆卸枪管
射程	3 米

是它将传统武器和现代枪支融合在一
起。很明显，除了面对野狗和帮派混混
的危险外，还会遇到一些坏人用绳索或皮带勒杀
抢劫。对付勒杀抢劫最有效的措施是有一把能
够直接射向后部的手枪。当勒杀抢劫发生
时，使用者会拉动一根引线，手枪就会
射向袭击者颈部的方向，阻止他进一
步侵害。有时候，武器本身也可能会
对使用者造成一定的伤害。

这些武器都是那个时代的标志。在 19 世纪后期，个人保护
武器是一个非常大的市场。

人们还尝试利用反冲来转动转轮，进一步提高转轮枪的技
术水平。1901 年的韦伯利-福斯韦里自动转轮枪有一次有价值

韦伯利 – 福斯韦里 自动转轮枪	
原产国	英国
时间	1901 年
口径	11.55 毫米
重量	1.08 千克
全长	292 毫米
装弹	6 发转轮枪
射程	20 米

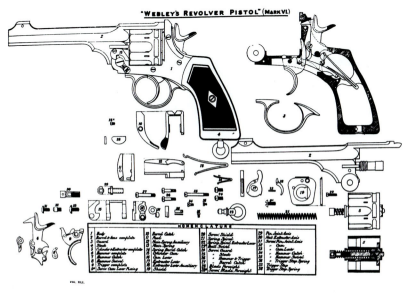

◄ 转轮枪使用起来很简单，但其
构造很复杂。转动转轮的机械装
置的加工和组装要求必须非常精
细，以免在使用时出现故障。

毛瑟 zig-zag 转轮枪	
原产国	德国
时间	1878 年
口径	10.9 毫米
重量	1.19 千克
全长	298 毫米
装弹	6 发转轮枪
射程	20 米

劳曼 M1892 型 手枪	
原产国	德国
时间	1892 年
口径	7.8 毫米
重量	1.13 千克
全长	254 毫米
装弹	5 发内置弹夹
射程	30 米

的尝试。在韦伯利 - 福斯韦里自动转轮枪中，扳机和转轮之间不再是机械连接，转轮随着武器上部向后移动而转动（很像半自动手枪的向后滑动）。转轮外侧的一连串槽随之移动，11.3 毫米口径子弹能够产生足够的反冲能量驱动这个动作。这个动作会吸收部分后坐力，减少部分后坐感，但除此之外，韦伯利 - 福斯韦里自动转轮枪与传统的转轮枪或那时新出现的自动手枪相比，没有任何优点。

韦伯利 - 福斯韦里自动转轮枪装有一个手动保险开关，在其他方面它与传统的韦伯利撅把式转轮枪基本相同。但韦伯利 - 福斯韦里自动转轮枪的销量并不大，只有一些军事人员私下购买。11.55 毫米口径型号的装弹量是 6 发，9.65 毫米口径型号则是 8 发，由于韦伯利公司过于乐观，进行了大规模生产，因此它们的销售一直持续了很长时间。

韦伯利 - 福斯韦里自动转轮枪的灵感可能来自早期的毛瑟 zig-zag 转轮枪，毛瑟 zig-zag 是一支利用装弹门装弹、结构经过加固的转轮枪。毛瑟 zig-zag 转轮枪没有使用常用的棘轮棘爪系统，而是在主载体上安装嵌钉，嵌钉咬合转轮上的一连串槽。毛瑟 zig-zag 转轮枪出现的时间是 1878 年，后来公司又在 1886 年推出了一款升级型号，但两种武器都没有获得成功。与后期的韦伯利 - 福斯韦里自动转轮枪相同，创新设计让使用者有机会获得完全不同的体验，但遗憾的是它们并没有成功，很快便消失在人们面前。

舍恩伯格手枪	
原产国	德国
时间	1892 年
口径	8 毫米
重量	不详
全长	不详
装弹	5 发内置弹匣
射程	3 米

早期的半自动手枪

　　19 世纪末是一个科学繁荣的时期，似乎一切都有可能发生。在这个时期里，大部分新装置都是用机器制造出来的，这让很多不成熟的小作坊失去了发展前景。在这个大环境中涌现出了很多新思想，有些很有见解，另一些则基本没有希望。很难想

韦伯利 – 斯科特 MK Ⅵ 型转轮枪	
原产国	英国
时间	1915 年
口径	11.55 毫米
重量	1.1 千克
全长	297 毫米
装弹	6 发转轮枪
射程	20 米

▶ 盒子里装的是博查特 C93 手枪，其表面有一块保护罩，盒子里还有维修工具和其他配件。

象有人会认为蒸汽汽车是一种值得研究的技术，同样当时也出现了很多原型武器，向我们展示应该做什么，不应该做什么。

第一批现代半自动手枪最早出现于 19 世纪 90 年代，但由于技术不成熟，它们的性能并没有超过传统的转轮枪。它们笨重、构造复杂且故障率高，威力都比不上传统的转轮枪。1892 年，约瑟夫·劳曼申请了第一项自动手枪专利，劳曼手枪口径为 7.8 毫米，使用 5 发内置弹匣，利用反冲自动装弹。但是，劳曼手枪的弹夹位于扳机组件前段，增加了整体长度，此外 7.8 毫米口径的子弹威力也不大。但是，劳曼手枪证明利用反冲力而动作的手枪是完全可行的。

随后出现的是斯太尔公司的舍恩伯格手枪，相比于劳曼手枪，它在市场上取得了更大的销量。舍恩伯格手枪使用一根在固定框架内的往复枪机，与今天的枪机很类似，固定弹匣上有个开口，可以通过桥夹装弹，利用这种方式装弹能够节省很多时间。桥夹是提前准备好的，射击完成后就可以用拇指将顶部的子弹推进弹仓。子弹进入弹仓后必须处于正确的位置，如果过于靠里和靠外，子弹都会卡住枪机。

尽管桥夹的装弹速度赶不上可拆卸弹匣，但已经比转轮枪（需要逐一装弹）快得多。尽管弹匣手枪有装弹快的优点，但是还需要更多的实践来证明自己。早期的半自动手枪构造非常复杂，很多潜在的购买者在比较后都会选择放弃。

手枪技术的革新

尽管遇到很多挫折，但人们的尝试仍然继续。1893年，博查特公司推出了一款新型手枪，该手枪使用了同时期马克西姆机关枪上的肘节闭锁系统。由于肘节闭锁系统需要在武器外部进行大量的机械活动，这使得手枪的体积非常庞大，而且易受灰尘和污垢的侵蚀。博查特手枪还有一个独特的创新点——弹仓不是固定安装在扳机组件前部，而是安装在握把内且可拆卸。这样构造有两个显著的优势：一是使用者可以携带多个预先装弹的弹匣；二是让重新装弹变得更容易。除非严重受伤，大部

博查特 C93 型手枪

原产国	德国
时间	1893 年
口径	7.65 毫米
重量	1.13 千克
全长	355 毫米
装弹	8 发弹匣
射程	30 米

战神手枪

原产国	美国
时间	1898 年
口径	9 毫米
	8.5 毫米
重量	1.36 千克
全长	320 毫米
装弹	8 发或 10 发弹匣
射程	20 米

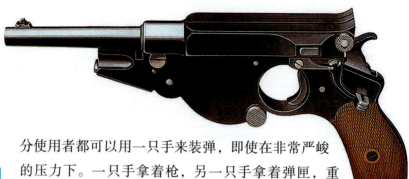

伯格曼 M1896 型手枪

原产国	德国
时间	1896 年
口径	7.62 毫米
重量	1.13 千克
全长	254 毫米
装弹	8 发内置弹匣
射程	30 米

分使用者都可以用一只手来装弹，即使在非常严峻的压力下。一只手拿着枪，另一只手拿着弹匣，重新装弹只不过是将两只手合起来的过程。很快，这种弹匣装置就成为标准。

另一种握把装弹半自动手枪是费尔法克斯设计的战神手枪，生产商是韦伯利公司和斯科特公司。战神手枪的生产始于 1898 年，它使用了一套旋转枪机长行程管退系统，并能够实现自动装弹。引用负责评估战神手枪的英国海军军官的话来说，不会有人想用它射击第二枪。战神手枪可以搭配多种型号的枪膛，但使用的子弹都是大威力的，能够产生非常大的后坐力和非常亮的枪口闪光。当枪机回退时，巨大的冲击力会对内部的机械活动造成影响，此外排向后面的热量（直接冲着使用者的脸部）也会对射击形成干扰。尽管号称当时世界上威力最大的手枪，但是由于具有沉重的扳机、较大的重量以及奇怪的系统（枪机会一直在后面直到释放扳机，接着枪机会向前将一枚子弹填入枪膛），所有这些都不会让战神手枪成为一款成功的武器。

伯格曼简易型手枪

原产国	德国
时间	1897 年
口径	8 毫米
重量	0.59 千克
全长	190 毫米
装弹	6 发或 8 发内置弹匣
射程	30 米

博格曼手枪

西奥多·博格曼也研制了一把名为"战神"的手枪，博格曼战神手枪是后坐式的，其弹匣位于扳机组件前段。博格曼战神手枪使用的子弹尺寸为 9 毫米 × 23 毫米，它非常有效，西班牙军队装备了相当大的数量。博格曼战神手枪并不是博格曼的第一种手枪，第一种手枪由雨果·施迈瑟设计，雨果·施迈瑟后来在轻型自动武器领域获得了很高的声誉。博格曼还有一款博格曼 M1896 型手枪，它算是那个时代人们不断尝试的典型产物——虽然有很多新颖的特点，但也存在一些缺陷，其中主要的缺陷存在于退弹系统中。由于缺陷很多，1897 年的博格曼简易型和后续的型号都没有使用该系统。

许多国家的军队都选择使用博格曼手枪，尤其是在丹麦，博格曼手枪以贝亚德或博格曼-贝亚德手枪的名字出售。随着时间的推移，也出现了很多衍生型号，尽管在第一次世界大战期间生产被迫中断，博格曼手枪还是一直在丹麦军队中服役到第二次世界大战以后。当时美国军方坚持使用 11.43 毫米口径子弹，他们对博格曼手枪进行测试后放弃了采购计划。尽管如此，在 20 世纪初期，很多国家的军队都装备博格曼手枪，在那些没有正式装备的国家，很多军官私下也会购买。

生产舍恩伯格手枪的斯太尔公司也生产了一种自动装弹手枪——曼利夏手枪。曼利夏手枪使用延迟后坐原理，即后坐力会驱动枪机向后移动，但在弹簧-凸轮系统的作用下整个移动过程会延迟变慢。最初曼利夏手枪使用 8 毫米口径子弹，但在 19 世纪末 20 世纪初时换成了 7.62 毫米口径子弹。曼利夏手枪的 8

博格曼战神 M1910 型手枪	
原产国	德国
时间	1910 年
口径	9 毫米
重量	1.01 千克
全长	251 毫米
装弹	6 发弹匣
射程	30 米

**曼利夏 M1901/
M1903 型手枪**

原产国	奥匈帝国
时间	1901 年
口径	7.62 毫米
重量	0.94 千克
全长	239 毫米
装弹	8 发弹匣
射程	30 米

发弹匣利用桥夹装弹，使用者还能使用一个杠杆将弹匣内的子弹清空。

曼利夏 M1901 型手枪使用前冲式系统，它与现在熟悉的反冲式系统不同，采用了刚性后膛设计。枪管组件前冲以排出废弹并填入新弹。现在，这种类型的手枪已经非常罕见。曼利夏手枪、部分博格曼手枪与毛瑟 C96 型手枪很相似，它们都是典型的早期半自动手枪，弹匣位于扳机组件前端，根据配置能容纳 6 发、10 发或 20 发子弹。早期的毛瑟 C96 型手枪使用固定弹匣，但后来的型号也使用可拆卸弹匣，这让使用者可以选择利用子桥夹装弹或直接更换弹匣。

毛瑟 C96 型手枪使用 7.63 毫米口径子弹，这种子弹在当时的欧洲非常流行，后来公司也推出了使用 9 毫米口径子弹的型号。凭借出色的性能，毛瑟 C96 型手枪成为德国军队的官方武器，而且在其他国家也有很大的销量。丘吉尔在早年的服役生涯中就一直带着一把毛瑟 C96 型手枪，他也给予它很高的评价。尽管存在早期半自动手枪共有的构造复杂的问题，但毛瑟 C96 型手枪仍然是一种非常高效的作战武器。毛瑟 C96 型手枪的弹匣容量为 10 发，不管是弹匣容量还是装弹速度，它都要优于先前的转轮枪。毛瑟手枪是一件世纪之交的标准武器，对后来武器的发展产生了深远的影响。

为了进一步吸引顾客，毛瑟公司还制造了一种可拆卸枪托，它能安装到握把上使手枪变成步枪。这在紧急情况的高压下很难实现，但一旦成功将手枪变成步枪，它就会变得更有效。

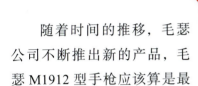

随着时间的推移，毛瑟公司不断推出新的产品，毛瑟M1912型手枪应该算是最后一个型号。尽管前置弹仓自动手枪主要出现于20世纪初期，从那时以后就很少出现，但是毛瑟手枪凭借出色的性能一直在德国军队中服役，直到第二次世界大战以后才被取代。在此期间，全世界的制造商都推出了很多复制品。

对任何一种武器来说，有50多年的服役经历是非常显著的成就，而且很多都变成了经典，毛瑟C96型手枪就是其中之一。但是前置弹仓半自动手枪存在的时间还是很短暂的，握把弹匣更有效且更符合人体工程学。1900年后的大部分半自动手枪都采用这种配置。

毛瑟 C96 型手枪

原产国	德国
时间	1896 年
口径	7.62 毫米
重量	1.045 千克
全长	295 毫米
装弹	6 发或 10 发内置弹匣
射程	30 米

毛瑟 M1912 型手枪

原产国	德国
时间	1912 年
口径	7.62 毫米
重量	1.25 千克
全长	295 毫米
装弹	6 发或 10 发内置弹匣
射程	30 米

▲ 第一次世界大战初期，骑兵的机动性让他们发挥了很大的作用，但是后来西线战场演变成壕沟战，骑兵也就没有了用武之地。

第四章

第一次世界大战时期的手枪

第一次世界大战爆发前夕，政治活动非常盛行。

　　许多组织都能接触到现代枪支，包括新一代半自动手枪。也许，1910 年冬发生的一次事件让普通民众第一次意识到这些现代枪支的威力，那次事件也叫作"西德尼街的围捕"或"伦敦东区斯特普尼战斗"。1910 年 12 月，一群来自欧洲大陆的抢匪准备实施抢劫时遇到了手无寸铁的英国警察，结果抢匪击伤/

帕拉贝鲁姆 P08 型手枪

原产国	德国
时间	1908 年
口径	9 毫米
重量	0.96 千克
全长	222 毫米
装弹	8 发弹匣
射程	30 米

杀其中几个。随后大量警察赶到，其中几个抢匪躲进了西德尼街，于是警察开始对西德尼街的房子实施搜捕。

伦敦警察虽然数量众多，但他们的武器只是小型的斗牛犬转轮枪，而抢匪手中则是各种各样的德莱赛和毛瑟半自动手枪。由于抢匪火力太猛，警察根本无法靠近，于是他们请求支援，找来了装备步枪的军队。抢匪们被困在房子里，最后双方交火，抢匪均被击毙。这次事件明确地表明半自动武器的火力优势，全世界的警察部门开始对这种新型半自动武器产生了兴趣，但是由于较高的故障率延缓了转轮枪（已经经过多次战斗的考验）到半自动手枪的转变。

奥匈帝国的弗朗茨·斐迪南大公在访问萨拉热窝时被一个名为"塞尔维亚黑手"的政治团体暗杀，最终导致了第一次世界大战的爆发。在那个时代，战争迟早都会来到，但是这次事件最终成为第一次世界大战的导火索。萨拉热窝事件发生后，同盟国集团和协约国集团很快将整个欧洲大陆推入战争的阴云中。

20世纪初的军队可以算是时代的产物，武器装备也很有时代特点。用步枪远距离射击是一支成熟步兵部队的标志，他们在开阔区域面对高速度移动的敌人时非常有效。尽管如此，人们期望的是一场机动战争，在战场上迫使敌人不断撤退，最终让他们投降。

战火中的欧洲

第一次世界大战刚开始的几周的确是按照人们设想的那样，英国和法国军队不断撤退。防御作战总是在一些临时的位置进行，没有时间挖掘像战争后期那样的壕沟，那时人们还会发动一些像19世纪那样的移动反击战。在某些战场，尤其是东线战场，战争延续了19世纪的风格，战斗双方不断移动争夺地盘，并没有在攻下的地盘上建设防御工事。有时候，骑兵也能以传统的方式作战，手持佩剑和转轮枪冲向敌人。东线战场你争我夺时，西线战场已经陷入壕沟战。

陷入壕沟战的主要原因是步兵武器火力大幅度增加。即使不考虑机枪的影响，内置弹仓栓动步枪也能让一名普通步兵射击得更远、更精准。射程和精准度的组合是致命的，步兵只能尽可能快地穿过地面，射程越远意味着敌人能够在更远的位置射击，而更高的精准度意味着更多的子弹击中目标，当然在敌人靠近前射击的次数也会更多。因此，采用传统的密集型进攻

▲ 现代战争中的一个基本原则是"挖"。壕沟中的生活非常艰辛，但战士们别无选择，因为他们的头顶就是机枪、步枪和火炮的扫射区。

模式会造成非常惨重的损失。站立向前移动的进攻者面对隐藏自己的防御者时会非常不利。散兵作战，从一个掩体到另一个掩体逐步进攻（该战术曾在第一次世界大战中广泛使用）显得很有帮助，但是所有的优势还是牢牢掌握在防御者一边。

进攻者常用的手段是利用铁路将援军运到战区，但防御者总是可以轻易地破坏铁路，阻止进攻者前进，这进一步导致西线战场逐渐变成静态的防御战。作战双方曾多次尝试打开一个突破口，但都没有成功，几个月后战争基本上就演变成双方对峙的壕沟战。壕沟战的出现主要归结于栓动步枪的优异性能，但讽刺的是在壕沟中它并不是最有效的武器。当对手进攻时，步枪是非常出色的防御武器，但是进入壕沟后，长长的步枪就显得非常笨重。尺寸小、容易操作且手不用离开扳机去操作枪机就可以连续射击的半自动手枪显然更适合壕沟作战。

因此，泵动式猎枪、转轮枪和新型半自动手枪成为近身突击的首选武器。此外，冲锋枪也很出色，但它出现时战争已经临近结束。转轮枪在开阔战场上几乎毫无用处，但是在壕沟战中一系列快速射击有时会改变整个行动的结果。想要在这种情况下发挥作用，武器必须坚固可靠，有很强的抗污性。在湿冷又泥泞的环境中，结构复杂的手枪不知什么时候就会出现故障。因此，第一次世界大战在某种程度上讲可以算是武器的试验场，各种武器需要接受最严酷的考验。

第一次世界大战结束后，欧洲局势仍然持续动荡。俄国爆发革命和内战，很多国家的政治团体之间发生多次巷战。所有人都相信仅仅是战争结束了，和平只是暂时的。在战后的德国，手枪成为除去政治对手的首选武器，重要的人物不断被暗杀，很多都是本来有希望改变历史的人。

美国颁布禁酒令后，全副武装的走私犯和缉私人员经常会在城市街道上爆发激烈的战斗。在这里步枪不再适合，猎枪、机枪和手枪决定着战斗的胜负。在整个禁酒令期间，武器设计也在不断地向前发展。现代手枪所需的所有部件都已经出现，但是在新一代转轮枪和半自动手枪取代原来武器前，还需要几年的实战考验。

现代半自动手枪

在第一次世界大战爆发前几年，几个国家都研制过半自动武器。半自动步枪直到 10 年后才开始服役，而在手枪领域，半自动手枪则发展得很快。

德国军队装备的是帕拉贝鲁姆 P08 型手枪，它的设计者是乔治·鲁格，因此人们也称其为鲁格手枪。鲁格手枪使用一种新型的 9 毫米 ×19 毫米子弹，由于两者搭配在实战中非常有效，因此 9 毫米 ×19 毫米子弹后来成为世界上使用最广泛的子弹。直到今天，9 毫米 ×19 毫米子弹仍然是很多手枪的标准子弹，人们还将新研发出的子弹与之比较以测定性能。

新型子弹也被称为 9 毫米帕拉贝鲁姆或 9 毫米鲁格子弹，设计者充分考虑了反冲、物理尺寸和弹道性能的关系，并将它们融合在一起。弹匣尺寸确定时，子弹尺寸越小，可以容纳的子弹数量越多。从此以后，人们对于子弹数量和子弹威力哪个更好的争论就一直没有停止。

鲁格手枪使用了肘节而不是现在更常见的滑套。其机械系统是从早期的博查特手枪演变来的，但现在集成在一个更小的空间中。但是由于不如大多数其他半自动手枪上的滑套系统有效，肘节系统很快就被淘汰。尽管鲁格手枪有很长的服役时间，

◀ 鲁格手枪性能非常出色，但需要良好的维护才能保持性能，尤其是在西线战场的泥泞环境中。

但是在此之后再也没有出现过使用相同机械系统的手枪。一方面，鲁格手枪构造较为复杂，零部件容易被污垢污染，而且在西线战场的壕沟战中很多部件供应不足。另一方面，鲁格手枪易于瞄准，即握把和枪管以本能的方式连成一线，让它在近距离点射战斗中完成快速且致命的射击。尽管在泥泞的环境中容易堵塞，但如果维护及时，鲁格手枪是一把非常可靠的武器，在两次世界大战中都有出色的表现。1938 年德国军队希望用新型瓦尔特手枪取代鲁格手枪，但是由于第二次世界大战爆发，急需大量的武器装备，因此尽管鲁格手枪被定为退役产品，但它还是在前线服役了很长时间。

总之，鲁格手枪是一把非常成功的武器，如果它没有出现，标准的手枪枪膛口径可能不会是 9 毫米 × 19 毫米。人们还以鲁格手枪为模板研制了很多不同枪管和枪膛的性能，例如为一些客户研制了一种 7.65 毫米口径型号，为美国军方研制了一种 11.43 毫米口径的型号。鲁格手枪可以搭配不同尺寸的枪管，其中最独特的要算是专门为炮兵设计的"炮兵卡宾枪"，炮兵需要一把尺寸比普通步枪小，但是在自卫时可以远距离连续射击的长管手枪。

"炮兵卡宾枪"装有一根很长的枪管，还可以加装一个可拆卸枪托。结果，炮兵手枪的射程比普通手枪更远，理论上讲这足以让炮兵在不影响发射火炮的情况下进行防御。我们并不知道实战中这种武器的效果如何，但在某些方面它比一把真正的卡宾枪更复杂。

像其他的鲁格手枪一样，"炮兵卡宾枪"也可以使用一个容纳 32 发子弹的蜗牛状弹鼓。但是这种弹鼓又大又重，在实战中效率低下。对于一些早期的冲锋枪，弹鼓重新出现成为一种可选的供弹装置，但是在随后的第一次世界大战中几乎看不到弹鼓。人们曾进行尝试，将鲁格手枪转变成一把全自动手枪，但是短后坐系统产生过快的射击速度，让整个武器根本无法控制，射击速度非常快，第一颗子弹偏离目标，还没等使用者调整方向，剩余的子弹早已发射出去。因此全自动手枪的试验并不成功，后来人们还尝试利用弹鼓来增加火力，但也以失败而告终。

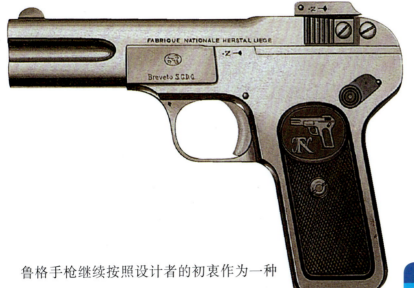

　　鲁格手枪继续按照设计者的初衷作为一种
备用和近战武器。人们对它的评价很好，很多
两次世界大战的幸存者都会留一把作为纪念，有些甚至作为非
官方副武器参加了后来的一些冲突。今天鲁格手枪的复制品主
要是用作休闲射击，它新颖的外观下不仅有出色的性能，而且
还有一定的历史意义。

勃朗宁 M1900 型手枪	
原产国	比利时
时间	1900 年
口径	7.65 毫米
重量	0.62 千克
全长	163 毫米
装弹	7 发弹匣
射程	30 米

约翰·勃朗宁

　　约翰·勃朗宁是武器设计史上很有影响力的一位设计师，
它在 1896—1897 年间研制出了他的第一把半自动手枪，经过短
暂的调整后，比利时的 FN 赫斯塔尔公司开始量产。量产枪型使
用 7.65 毫米 ×17 毫米子弹，并被命名为 M1900 型或勃朗宁 N
型。勃朗宁手枪首次在枪管的顶部使用了复进簧（撞针销弹簧）
的概念，但它又区别于后来的设计：抛壳口在框架内而不是在
滑套上。凭借简单可靠的后坐设计，勃朗宁 M1900 型手枪的性
能非常出色，销量达到数十万。

　　勃朗宁的第二支手枪是使用 7.65 毫米口径子弹的 M1903 型，
M1903 型在美国和欧洲的制造商分别是柯尔特公司和 FN 赫斯
塔尔公司。M1903 型手枪的特点是装有一个握把保险，除非正
确持有武器且复进簧在枪管底部时，武器才能发射。当空弹时，

▶ 约翰·勃朗宁是武器设计史上很有影响力的一位设计师。除了经典的半自动手枪外，他还研制了一些早期的机枪、自动步枪和半自动霰弹枪。

滑套会锁在开启状态以方便装弹。M1903 型手枪的很多特点后来都成为半自动手枪的标准，也在警察和军队中大受欢迎。尽管没有获得军方的大批量订单，但 M1903 型手枪还是对军用手枪的设计产生了深远的影响。

勃朗宁 M1903 型手枪

原产国	比利时 / 美国
时间	1903 年
口径	7.65 毫米或 9 毫米 ×20 毫米
重量	0.9 千克
全长	205 毫米
装弹	7 发或 8 发弹匣
射程	50 米

德莱赛 M1907 型手枪

原产国	德国
时间	1903 年
口径	7.65 毫米
重量	0.71 千克
全长	160 毫米
装弹	7 发弹匣
射程	50 米

德莱赛手枪

很多武器都受到勃朗宁早期作品的影响，其中就包括德莱赛 M1907 型手枪，它的设计者是路易斯·施迈瑟。德莱赛手枪使用勃朗宁 7.65 毫米口径子弹，在其他方面也与勃朗宁手枪很相似。但是，它们还是存在一些差异。德莱赛手枪没有全长的滑套，滑套只能沿着武器顶部延伸 3/4，因此子弹上膛时需要抓紧滑套前半部分而不是通常情况下的后握把。滑套和枪机一起移动，它们位于武器后方的内部，但位于滑套下部的枪管不在里面。

起初，德莱赛手枪是德国官员和警察的标配武器，其中作为官方警用武器一直持续到 20 世纪 30 年代，随后就被一些更先进的手枪取代。在实际情况中，由于在德国重整军备时期需要大量的武器，因此很多德莱赛手枪一直在服役。随着第二次世界大战在德国逐渐失去主动权，仓库中的大量德莱赛手枪被拿出来，装备给德国民兵使用。一些奥地利军官也使用德莱赛手枪，但也有很多人选用斯太尔 M1907 型手枪。斯太尔 M1907 型手枪使用不常见的 8 毫米口径子弹，重新装弹时要将桥夹插入固定的内置弹仓中。尽管斯太尔 M1907 型手枪不算是当时最先进的手枪，但它是历史上军方部队装备的第一种半自动手枪。

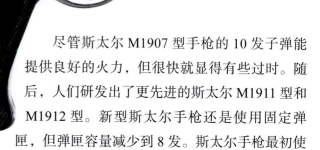

斯太尔 M1907 型手枪

原产国	奥匈帝国
时间	1907 年
口径	8 毫米
重量	1.03 千克
全长	233 毫米
装弹	10 发弹匣
射程	30 米

尽管斯太尔 M1907 型手枪的 10 发子弹能提供良好的火力，但很快就显得有些过时。随后，人们研发出了更先进的斯太尔 M1911 型和 M1912 型。新型斯太尔手枪还是使用固定弹匣，但弹匣容量减少到 8 发。斯太尔手枪最初使用 9 毫米 ×23 毫米子弹，但后来很多新型号都转为使用 9 毫米 ×19 毫米鲁格子弹，并开始在德国军队中服役。在德国获得成功的同时，斯太尔手枪在德国以外的市场也有很好的销量，并在国际战场上有出色的表现。

设计者曾经将斯太尔 M1912 型的内置弹匣由 8 发扩展为 16 发，并提供一个可拆卸枪托，他们希望创造一把适于壕沟战的理想武器。尽管在实战中没有获得成功，但由于设计者安装了一个半 / 全自动的拔杆，因此它仍然可以被用作高弹量手枪。

斯太尔 M1911 型手枪

原产国	奥匈帝国
时间	1911 年
口径	9 毫米
重量	1.02 千克
全长	216 毫米
装弹	8 发弹匣
射程	30 米

斯太尔 M1917 型手枪	
原产国	奥匈帝国
时间	1917 年
口径	9 毫米
重量	0.99 千克
全长	216 毫米
装弹	8 发弹匣
射程	30 米

后来，斯太尔 M1911 型和 M1912 型进一步发展成 M1917 型，M1917 型手枪一直在奥地利军中服役到第二次世界大战结束。第二次世界大战结束时，斯太尔手枪已经非常过时，它仍然保留着武器制造商已经淘汰的老式桥夹装弹系统。它对改变时代的主要贡献是引入了 9 毫米口径子弹。

毛瑟手枪

　　第一次世界大战爆发后，奥地利需要数量巨大的武器装备。在军官的副武器和骑兵武器方面，奥地利军方将目光投向了德国的毛瑟公司。随后，毛瑟公司为奥地利军方生产了成千上万支 7.65 毫米口径的毛瑟手枪。奥地利军方的毛瑟手枪与此前德国军队中的完全相同，与此同时，德国自己也面临手枪供应短缺的问题，因此在 P08 手枪的供应满足要求之前，他们也向毛瑟公司订购了大量的毛瑟手枪。很多毛瑟手枪经过改装使用

毛瑟 M1912 型手枪	
原产国	德国
时间	1912 年
口径	7.62 毫米
重量	1.25 千克
全长	295 毫米
装弹	6/8/20 发弹匣
射程	30 米

▶ 在近距离的壕沟战斗中，快速射击的手枪比又长又笨重的步枪更有效。除了作为军官的副武器外，手枪也是突击部队和壕沟战常用的武器。

9毫米×19毫米子弹，其显著标志是在握把上镶有一个大大的数字"9"。但并不是所有经过改装的手枪握把上都有数字"9"，一些没有标志的毛瑟手枪也使用9毫米口径子弹。

为了应对手枪供应不足的问题，德国军队还与朗根汉公司签订合同，让朗根汉公司生产一种半自动手枪。随后在1914年，这种极具现代感的朗根汉手枪开始服役。朗根汉手枪的口径为7.65毫米，它使用8发可拆卸弹匣。在外人看来，朗根汉手枪似乎是一把非常出色的军用手枪，但耐久性并不好。使用一把使用很长时间的朗根汉半自动手枪时，子弹发射产生的后坐力

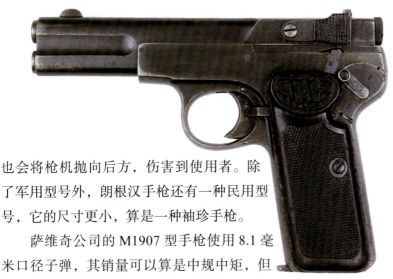

朗根汉手枪	
原产国	德国
时间	1914 年
口径	7.65 毫米
重量	0.77 千克
全长	165 毫米
装弹	8 发弹匣
射程	30 米

也会将枪机抛向后方，伤害到使用者。除了军用型号外，朗根汉手枪还有一种民用型号，它的尺寸更小，算是一种袖珍手枪。

萨维奇公司的 M1907 型手枪使用 8.1 毫米口径子弹，其销量可以算是中规中矩，但至少有一个买家非常有名。"水牛比尔"科迪曾经买过一把萨维奇 M1907 型手枪，它也成为科迪为数不多私人收藏的手枪之一。标准的萨维奇 M1907 型手枪在袖珍手枪市场取得了一定的成功，但它并没有引起军方的注意。

当时美国军方想要一把 11.43 毫米口径的手枪，萨维奇公司生产了几百把 M1907 型手枪来进行增大口径的测试。尽管口径变大，但改装后的萨维奇手枪的弹匣仍然可以容纳 10 发子弹，并且技术人员为满足军方要求还加装了握把保险。但是在与有可靠设计依据的柯尔特手枪的竞争中，11.43 毫米口径萨维奇手枪败下阵来，尽管没有获得美国军方的订单，但法国军方还是

萨维奇 M1907 型 手枪	
原产国	美国
时间	1907 年
口径	8.1 毫米
重量	0.57 千克
全长	165 毫米
装弹	10 发弹匣
射程	30 米

萨维奇M1915型 手枪

原产国	美国
时间	1915年
口径	8.1毫米
重量	0.57千克
全长	165毫米
装弹	10发弹匣
射程	30米

采购了很多。与柯尔特手枪相比，萨维奇手枪不仅成本高，而且结构复杂，尤其是延迟后坐反冲系统。延迟后坐反冲系统使用一根细枪管，它在反冲作用下旋转来解锁枪管，使其向后移动。这样做的目的是让子弹离开枪管后再开启退弹口，但在实际使用时，这套系统并没有像设计者预想的那样有效。

　　萨维奇公司在1915年推出了M1907型的升级型号——M1915型。萨维奇M1915型也叫作"无击锤型"，因为它没有外部击锤。事实上，M1907型也没有外部击锤，它上面类似击

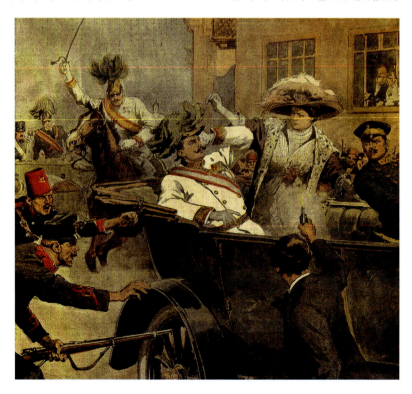

▶ 第一次世界大战的导火索萨拉热窝事件，当时的奥匈帝国斐迪南大公被刺杀。考虑到当时欧洲的政治环境，如果没有发生这起事件，战争也会爆发。

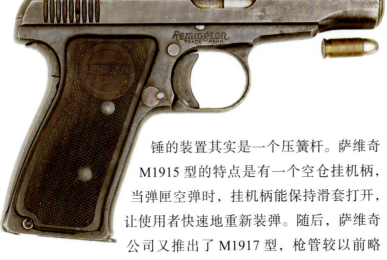

锤的装置其实是一个压簧杆。萨维奇 M1915 型的特点是有一个空仓挂机柄，当弹匣空弹时，挂机柄能保持滑套打开，让使用者快速地重新装弹。随后，萨维奇公司又推出了 M1917 型，枪管较以前略长，并且有 8.1 毫米和 9.65 毫米两种口径可供选择。

弹匣保险器

勃朗宁 M1910 型，即人们熟知的 FN M1910 型，除了手动和握把保险器外，还安装了一个弹匣保险器。当时人们的主要观点是当不安装弹匣时，武器才会绝对安全。但是即使拆下弹匣后，如果枪膛内有一发子弹也会出现危险。弹匣保险器就是一个备用机械装置，在发生失误时可防止武器走火。勃朗宁 M1910 型有 8.1 毫米和 9.65 毫米两种口径，并且深受军队、执法人员和普通用户的欢迎。勃朗宁 M1910 型最著名的使用者加夫里洛·普林西普，他用它刺杀了奥匈帝国的斐迪南大公，从而引发第一次世界大战。勃朗宁 M1910 型的服役时间很长，在此期间公司还推出了一款升级型，即 M1922 型，主要卖给欧洲各国军队。

从欧洲进口到美国的勃朗宁 M1910 型和 M1922 型也叫作"勃朗宁 380 手枪"。M1910 型也影响了德国和苏联研制的 PPK 和马卡洛夫手枪，以及后来的雷明顿 51 手枪。雷明顿 51 手枪的设计者是约翰·佩德森，他曾经与勃朗宁一起工作。约翰·佩德森的想法是设计一把袖珍手枪，于是在 1918 年推出了雷明顿

雷明顿 51 手枪	
原产国	美国
时间	1917 年
口径	8.1 毫米 或 9.65 毫米
重量	0.59 千克
全长	162 毫米
装弹	8 发或 7 发弹匣
射程	30 米

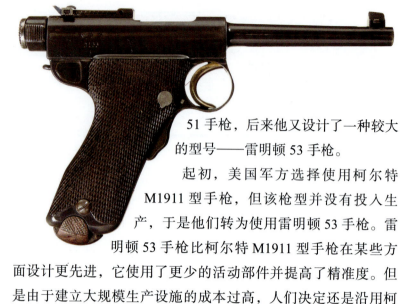

南部 M1902 型手枪

原产国	日本
时间	1902 年
口径	8 毫米
重量	0.9 千克
全长	230 毫米
装弹	8 发弹匣
射程	50 米

51 手枪，后来他又设计了一种较大的型号——雷明顿 53 手枪。

起初，美国军方选择使用柯尔特 M1911 型手枪，但该枪型并没有投入生产，于是他们转为使用雷明顿 53 手枪。雷明顿 53 手枪比柯尔特 M1911 型手枪在某些方面设计更先进，它使用了更少的活动部件并提高了精准度。但是由于建立大规模生产设施的成本过高，人们决定还是沿用柯尔特的设计。

大口径手枪在战后的民用市场并不受欢迎，因此雷明顿公司推出了 8.1 毫米口径的雷明顿 51 手枪。雷明顿 51 手枪性能出色，本来应该有出色的销量，但恰逢大萧条时期，艰难的经济环境对销售造成了很大影响。

日本手枪

尽管才刚刚接触到子弹武器，日本就决定采用半自动手枪作为军队的标准武器。日本作出这种决定的部分原因应该是原先的 26 式转轮枪存在很多缺点，但它的替代品也不能令人满意。日本的第一种半自动手枪是南部 M1902 型，其设计者是南部骐次郎，有时人们也称南部 M1902 型为"南部爷爷型"手枪。南部 M1902 型使用 8 毫米 ×22 毫米子弹，它使用一种独特的击发系统，武器后部是一个旋钮而不是当时常见的击锤。尽管外观独特，并且有良好的精准度和平衡性，但由于存在大量的不足，很快就被淘汰了。

南部手枪容易出现该发射时不发射，不该发射时突然走火。如果受到撞击，手枪上的保险不足以防止武器走火；撞针弹簧

很弱并且经常失灵，即使弹匣供弹弹簧正常，武器也不会发射。1904年公司推出一种新型南部手枪，即"南部爸爸型"。尽管设计者进行了许多改进，但并没有完全弥补其众多的缺点。"南部爸爸型"一直处于研发阶段，直到1909年才开始服役。南部M1902型还有一种口径更小的型号，它使用更轻便、威力更小的7毫米口径子弹。

这些南部手枪在战斗中效率低下，同时结构复杂，生产成本高，因此南部骐次郎在20世纪20年代研制出了南部14式手枪。南部14式手枪仍然使用8毫米×22毫米子弹，但其结构简化了很多。南部14式手枪上的保险比先前的型号更好，但安放的位置显得很别扭。它保留了先前型号的一些特点，例如当弹匣空弹时枪机会锁在后部，但当枪机需要拆卸时就需要向前移动，当插入新弹匣时，需要手动操作枪机。弹匣保险有时也会松动，如果此时武器受到振动，弹匣有可能会掉出来。人们通过各种措施对这些不足之处进行改进，但大部分都失败了。

南部 M1902 型袖珍手枪

原产国	日本
时间	1902 年
口径	7 毫米
重量	0.65 千克
全长	171 毫米
装弹	7 发弹匣
射程	50 米

南部 14 式手枪

原产国	日本
时间	1925 年
口径	8 毫米
重量	0.9 千克
全长	230 毫米
装弹	8 发弹匣
射程	50 米

由于撞针失灵的情况经常会发生，因此人们往往会在手枪皮套中存放一根备用撞针便于在现场维修，当然前提是使用者没有被打死。

南部手枪的最终型号是20世纪30年代中期出现的南部94式，在整个第二次世界大战期间南部94式手枪一直在日本军队中服役。当时日本需要一种比南部14式尺寸小，可以让军官、坦克乘员和火炮兵方便携带，并且在战斗中更有效的武器，于是设计者研制出南部94式。南部94式的尺寸确实变小了，但在其他性能方面并没有显著改善。它的握把很小，尽管不影响使用，但对大部分人来说仍会感觉很不舒服。南部94式只有6发8毫米×22毫米子弹，威力并不大。南部94式手枪也许可以反映当时日本对手枪的态度——手枪只是身份的象征和用来展示的武器，不需要是一种可靠的战场作战武器。

南部94式手枪还有其他缺陷，其中最明显的是如果受到撞

南部94式手枪

原产国	日本
时间	1934年
口径	8毫米
重量	0.58千克
全长	181毫米
装弹	6发弹匣
射程	50米

利森蒂M1910型手枪

原产国	意大利
时间	1910年
口径	9毫米
重量	0.82千克
全长	210毫米
装弹	7发弹匣
射程	20米

▲ 意大利有很多山地作战部队，他们主要在极其危险的山区执行任务，但他们的很多武器装备并不适于山区作战。

击或裸露的击锤阻铁被按下或挤压（还有很多原因）后都可能导致走火。此外，很多已损坏的部件都集成在一起，很难拆卸下来清洗，这导致战斗时人们往往会忽略这种武器。结果，南部94式手枪往往被视为一个很差的榜样：性能这么差的手枪竟然能够大量生产和装备。

意大利的手枪

这个时代另一种性能低下而大量装备的手枪是利森蒂M1910型手枪。利森蒂M1910型手枪与南部系列手枪很相似，都存在很多严重的缺陷。利森蒂M1910型是从早期的M1906型演变来的，M1906型使用7.65毫米×22毫米子弹，但在测试中意大利军方发现这种子弹威力不足。因此人们研制了使用9毫米×19毫米子弹的M1910型，但由于结构强度不高，它无法应对9毫米鲁格子弹，为此人们专门研制了9毫米×19毫米利森蒂子弹。结果就是一把使用7.65毫米口径子弹的手枪居然可以装填一发9毫米鲁格子弹，如果使用者不小心，经常会装错子弹。

利森蒂子弹的威力也不大，因此即使意大利军方新装备的使用大口径子弹的M1910型手枪也存在缺乏火力的问题。也许是

贝雷塔M1915型手枪

原产国	意大利
时间	1910年
口径	7.65毫米或9毫米
重量	0.68千克
全长	216毫米
装弹	7发弹匣
射程	30米

用惯了利森蒂手枪，有些人还是很喜欢它。但也有一些人反对引入它，尽管人们又在 1912 年推出一种升级版设计，但很多人还是继续使用原来的博代奥转轮枪。M1910 型十分新颖，它没有外部击锤翘起装置，使用者利用扳机动作翘起击锤。直到第二次世界大战结束，利森蒂手枪一直是意大利的官方武器，后来贝雷塔公司提供了更好的产品，并逐渐取代了利森蒂手枪的地位。

贝雷塔 M1915 型手枪是贝雷塔公司的第一个产品，由于第一次世界大战中需要大量的手枪，贝雷塔公司发现这是一个很好的商机。早期的贝雷塔手枪使用 7.65 毫米 ×17 毫米子弹，随着生产的进行，贝雷塔公司也生产了很多使用 9 毫米 ×19 毫米子弹的型号。由于可以使用当时意大利军方使用的标准子弹，并且标准的利森蒂手枪供应不足，贝雷塔手枪成为意大利军方的另一选择，很多意大利军方人员手中都持有一把贝雷塔手枪。

在第一次世界大战中，贝雷塔手枪的性能远远优于与其竞争的利森蒂手枪和博代奥转轮枪，并凭借出色的表现为自己赢得了很高的声誉。但直到后继者 M1934 型出现，贝雷塔 M1915 型一直都不是意大利宣称的官方武器。

坎波·吉罗手枪	
原产国	西班牙
时间	1912 年
口径	9 毫米
重量	1 千克
全长	239 毫米
装弹	8 发弹匣
射程	50 米

西班牙的手枪

西班牙军方是第一批使用半自动武器的国家之一，但从长远来看早期的半自动武器并没有带来很多优势。西班牙军方装备的第一种半自动手枪是伯格曼 - 贝亚德手枪，但很快就被新型设计取代。伯格曼 - 贝亚德手枪使用的是拉尔戈 9 毫米口径子弹，西班牙军方对这种子弹很满意，但还想要一种可以使用它的更好的武器。于是坎波·吉罗设计了一把以自己名字命名的

▲ 第一次世界大战期间，各国迅速扩张自己的军队，因此武器装备的需求量非常巨大。当时，各国军方为了满足数量的要求，甚至降低了对质量的要求。

手枪，并被西班牙军方选中开始在军队中服役。坎波·吉罗将弹匣从扳机前部移动到握把位置，这样就允许使用一根更长的枪管，进而提高子弹的枪口速度，充分发挥拉尔戈9毫米口径子弹的出色性能。

1920年，西班牙军方决定使用一种新型手枪，但在20世

维多利亚手枪	
原产国	西班牙
时间	1911 年
口径	7.65 毫米
重量	0.57 千克
全长	146 毫米
装弹	7 发弹匣
射程	30 米

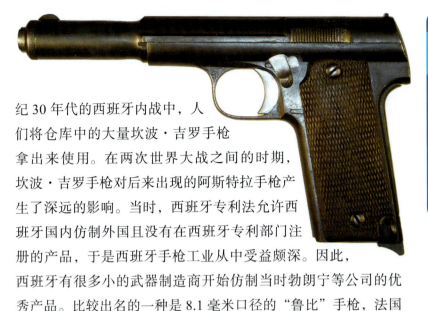

阿斯特拉 400 型手枪	
原产国	西班牙
时间	1921 年
口径	9 毫米
重量	1.14 千克
全长	225 毫米
装弹	8 发弹匣
射程	50 米

纪 30 年代的西班牙内战中，人们将仓库中的大量坎波·吉罗手枪拿出来使用。在两次世界大战之间的时期，坎波·吉罗手枪对后来出现的阿斯特拉手枪产生了深远的影响。当时，西班牙专利法允许西班牙国内仿制外国且没有在西班牙专利部门注册的产品，于是西班牙手枪工业从中受益颇深。因此，西班牙有很多小的武器制造商开始仿制当时勃朗宁等公司的优秀产品。比较出名的一种是 8.1 毫米口径的"鲁比"手枪，法国军方测试了它的性能后就决定采购它。法国的订单要求每个月供应 1 万把，这远远已经超出了公司的生产能力。当订单提高到 5 万把 / 月的时候，公司就将订单分给了很多的小制造商。

如此多的小制造商生产同一种武器，有些区别是不可避免的。尽管交付的手枪都满足 8.1 毫米口径和 9 发弹匣的技术要求，但有些细节以及命名差别都很大。同一种手枪就有多达数十种标牌，最终的产量竟然多达 100 万。20 世纪 20 年代以后，这些小制造商仍然继续为法国军方以外的顾客提供产品。这些外观

阿斯特拉 600 型手枪	
原产国	西班牙
时间	1943 年
口径	9 毫米帕拉贝鲁姆
重量	1.08 千克
全长	205 毫米
装弹	8 发弹匣
射程	50 米

不同但本质上有很相似的武器统称为"鲁比"和"埃瓦尔"手枪（鲁比和埃瓦尔是那些小制造商的所在地）。

温塞塔创立的埃斯佩兰萨公司最初的生产地位于埃瓦尔，但在1913年又搬到了格尔尼卡。埃斯佩兰萨公司一个早期的产品是维多利亚手枪，这种手枪由当时的勃朗宁M1903型演变而来，但并非完全地复制它。埃斯佩兰萨公司为法国军方提供了大量不同型号和名称的手枪，其中就包括阿斯特拉手枪，后来公司甚至将名称改成了阿斯特拉。第一种阿斯特拉手枪是一种鲁比型，但到20世纪20年代初期公司开始生产一种受坎波·吉罗手枪影响的全新设计。

后来，西班牙军方决定更换老式的阿斯特拉手枪，因此阿斯特拉公司又推出了阿斯特拉300型和400型。阿斯特拉400型是主要的作战型号，而300型的尺寸略小一点。最初它们都使用拉尔戈9毫米口径子弹（当时西班牙的标准子弹），但后来为满足不同客户的要求，阿斯特拉公司也生产了一些使用9毫米口径鲁格和利森蒂子弹的型号。阿斯特拉400型手枪的生产一直持续到1941年，它是一种非常出色的手枪，销量非常大。

不成功的例子

尽管现代样式的半自动手枪已经开始出现，但市场上也涌

费罗梅尔M1910型手枪

原产国	奥匈帝国
时间	1910年
口径	7.65毫米
重量	0.59千克
全长	184毫米
装弹	7发弹匣
射程	20米

现出了很多试验型手枪，其中一些还获得了一定的成功。1901年，鲁道夫·费罗梅尔研制了一种可以使用多种口径子弹、利用桥夹装弹的手枪。这种手枪利用了一个枪管长后坐系统，但没有获得成功，后来在 1906 年费罗梅尔又以它为基础研制了一款类似的型号，即费罗梅尔 M1906 型，但同样没有获得成功。尽管没有获得成功，但我们还是应该关注一下费罗梅尔 M1906型手枪，因为当时人们对其进行过改进，将 10 发固定弹匣换成了 8 发可拆卸弹匣，后来非常著名的 P08 手枪弹匣就是从这种弹匣演变来的。

尽管费罗梅尔的前两种手枪都没能获得军方的订单，但

▼ 北爱尔兰皇家警察正练习使用韦伯利转轮枪。韦伯利转轮枪的后坐力很大，使用者需要反复练习才能实现精准射击。

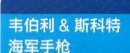

**韦伯利 & 斯科特
海军手枪**

原产国	英国
时间	1912 年
口径	11.55 毫米
重量	0.68 千克
全长	216 毫米
装弹	6 发弹匣
射程	20 米

随后的 M1901 型被匈牙利警察部门选中，事实上 M1901 型在性能方面并没有多少改进。费罗梅尔的下一个产品 M1912 型具有更传统的外观，随后更是被匈牙利军方选中。费罗梅尔 M1912 型手枪仍然沿用了长行程管退系统，但该系统造价昂贵，并不适用于 8.1 毫米或 9.65 毫米口径子弹。

韦伯利 & 斯科特半自动手枪家族起源于一款使用 11.55 毫米口径转轮枪子弹的 M1904 型手枪，韦伯利 & 斯科特 M1904 型手枪在外观上与费罗梅尔手枪很相似。后来经过演变，韦伯利 & 斯科特手枪开始使用更流行的 8.1 毫米口径子弹，并被英国警察部门选中。韦伯利 & 斯科特半自动手枪的采用可能与之前西德尼街的激战存在一定联系，但不管怎样，8.1 毫米口径韦伯利 & 斯科特半自动手枪正式开始在英国警察部门和军方中服役。

随后，韦伯利 & 斯科特半自动手枪不断发展，口径也不断变化，最终演变成威力强大的 9.65 毫米口径。后来更是发展成使用 11.55 毫米口径子弹的 M1912 型，但该 11.55 毫米口径子弹与先前转轮枪使用的 11.55 毫米口径子弹并不兼容。韦伯利 & 斯科特半自动手枪的使用者是炮兵、皇家航空队和海军人员。但由于过大的后坐力和相对笨拙的外形，大口径型号没能获得成功。而在 11.55 毫米口径韦伯利 & 斯科特半自动手枪消失后，小口径枪型持续制造了很久。

经典的半自动手枪

尽管出现了一些失败的产品，但从柯尔特 M1911 型手枪中，

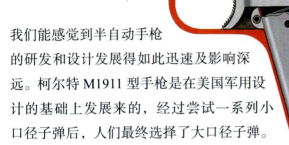

我们能感觉到半自动手枪的研发和设计发展得如此迅速及影响深远。柯尔特 M1911 型手枪是在美国军用设计的基础上发展来的，经过尝试一系列小口径子弹后，人们最终选择了大口径子弹。

约翰·勃朗宁基于一种自己设计的 11.43 毫米口径子弹设计出了 M1911 型手枪。这种新型大口径子弹有出色的止动能力，但不会产生很大的后坐力和枪膛压力，因此就不需要那些笨重的结构，这些正是美国军方一直想要的。尽管这种子弹很有威力，但子弹枪膛压力是可控的，这就让勃朗宁可以围绕自己的枪管短后坐系统来设计武器。

M1911 型手枪的结构并不复杂，但非常耐用，与其他手枪相比，它一般不会出问题。M1911 型手枪使用 7 发弹匣，发射第一发子弹时需要手动上膛，随后就可以实现半自动射击。握把保险和手动保险允许武器处于"停止"状态，或者让枪膛内进入一发子弹，扳开扳机并处于锁定到位的"准备击发"状态。使用者握住握把打开保险就可以让 M1911 型手枪立即开火。

人们也可以选择携带时让枪膛空着，并通过滑动滑套来装弹并翘起击锤，使其迅速处于击发状态。很多情况下，手动保险一直是打开的，使用者依靠空枪膛和握把保险来避免意外。这种方法往往是教给那些没有训练的人，因为它允许那些不太自信的人可以安全地使用这种武器。再加上一些名人的误导，让人们误认为这就是使用半自动手枪的最好方法，但事实上这只是权宜之计。在第一次世界大战以及后面的时期中，使用柯尔特 M1911 型手枪的大部分美国士兵都接受过良好的训练，他们都认为这是一把非常出色的手枪。除了比转轮枪多一发子弹外，M1911 型手枪装弹更迅速，威力也更大。凭借出色的性能，

柯尔特 M1911 型手枪	
原产国	美国
时间	1911 年
口径	11.43 毫米
重量	1.1 千克
全长	216 毫米
装弹	7 发弹匣
射程	50 米

▲ 在与土著勇士的对抗中，美国军方发现其 9.65 毫米口径手枪缺乏止动能力，因此他们转而使用大口径手枪。M1911 型正好满足他们的需求。

M1911 型手枪在美国军队中一直服役到 20 世纪 80 年代。

随着时间的推移，M1911 型手枪还衍生出很多新设计。20世纪20年代，人们吸取第一次世界大战的经验，经过多次改进，推出了 M1911A1 型。很多改进都是基于外表或人体工程学方面的，例如更大的握把保险开关可以降低击锤脱离的概率；更大的排弹口可以提升武器在野外恶劣环境中的承受能力。

正如此前帕拉贝鲁姆 1908 型（P08 型）手枪成就了 9 毫米 ×19 毫米鲁格子弹一样，柯尔特 M1911 型也成就了 11.43 毫米 ACP 子弹。随后，这两种子弹一直存在竞争，当在 20 世纪 80 年的美国军队选择使用 9 毫米口径子弹的时候，有些人认为 9 毫米口径子弹最终在这次竞争中胜出。但是，很多部队仍然将 11.43 毫米口径子弹作为其备用选择，尤其是特种部队。因此，仍然有很多人坚持世界上只有两种类型的手枪——使用 11.43 毫米口径子弹的手枪和不使用 11.43 毫米口径子弹的手枪。

尽管如此，柯尔特 M1911 型和帕拉贝鲁姆 1908 型存在一个本质的区别。帕拉贝鲁姆 1908 型算是一种典型的半自动手枪，其机械装置此前都没用过。另一方面，M1911 型则可以算是第一种现代半自动手枪，并且自从问世后，它的生产一直持续了近一个世纪，并出现了非常多的复制型号。现在仍然有 M1911 型的衍生枪型出现，世界上很少有寿命超过 100 年的武器，然而 M1911 型就是其中一种。

现代转轮枪的崛起

当然，转轮枪并没有因为半自动手枪的繁荣而没落，1910 年是如此，此后也是如此。原因不仅仅是由于反派分子拒绝放弃他们的老式转轮枪，还有转轮枪本身在某些特定情况下存在很多优势。最明显的就是，转轮枪使用起来非常简单。对于那些训练不足或者需要在凌晨三点突然从床头柜拿枪射击的人来说，简单是最重要的。转轮枪坚固而简单，同时稳定性好，而且更重要的是使用者只需看一眼转轮就能知道是否装弹，能否发射。尽管装弹速度不如半自动手枪，但操作起来非常简单，

柯尔特警用转轮枪	
原产国	美国
时间	1907 年
口径	5.6 毫米
重量	0.68 千克
全长	260 毫米
装弹	6 发转轮
射程	20 米

而且对于熟练的人来说，重新装弹也很迅速。转轮枪没有手动安全保险，但这并不能算是一个缺点，如果使用者被吓得半死，根本无法进行复杂的开保险操作，他也可以随时射击。

转轮枪在严酷的环境中具有优势，适于在艰苦条件下使用。因此在很多国家，军事和执法部门人员在半自动手枪变得成熟可靠后，仍然使用转轮枪。

从 1905 年开始，柯尔特转轮枪就强调自己的安全性，允许使用者装满子弹携带。当时的柯尔特转轮枪在袖珍和警用手枪中占有很大的市场。它们通常都是小口径的，使用 8.1 毫米口径

▶ 西奥多·罗斯福认为小口径武器更容易操控，因此决定让纽约警察部门使用小口径手枪。

甚至 5.6 毫米口径子弹，有的也会使用 9.65 毫米口径子弹。当时人们一直在争论执法部门选择使用这种小口径武器是否合适。有人认为西奥多·罗斯福在担任纽约警察局长时影响了这一选择。在那个时代，警察的射击水平很差，因此后坐力小的武器是避免发生意外的不错选择。

　　不管原因是什么，在美国军方寻求大口径手枪的同时，美国警察部门开始广泛装备 8.1 毫米口径转轮枪。在此后的几十年里，转轮枪一直在警察部门服役，而柯尔特新型手枪和由此演变来的柯尔特 11.43 毫米军用型成为最后在美国军队中服役的转轮枪。柯尔特新型手枪问世于 1989 年，它可以使用多种口径的子弹。11.43 毫米口径版本于 1909 年开始在美国军队中服役，并很快进行升级演变成了 M1917 军用型。M1917 型转轮枪可以发射与 M1911 型半自动手枪相同的 11.43 毫米 ACP 子弹，但需要在转轮上安装一对半月夹来固定无边缘的 11.43 毫米子弹。后

柯尔特新型转轮枪	
原产国	美国
时间	1909 年
口径	11.43 毫米
重量	1.3 千克
全长	260 毫米
装弹	6 发转轮
射程	20 米

柯尔特 M1917 军用型转轮枪	
原产国	美国
时间	1917 年
口径	11.43 毫米
重量	1.13 千克
全长	273 毫米
装弹	6 发转轮
射程	20 米

来，人们又推出了一种更先进的型号，可以省去安装半月夹，但退弹仍然需要手动来完成，原因是子弹没有边缘，因此退弹器无法夹住它们。用手将弹壳从转轮中戳出来往往很费时，但这样我们就能使用与 M1911 型半自动手枪相同的子弹。

M1917 型是最后一种进入美军服役的转轮枪，它只是起到过渡作用，当 M1911 型半自动手枪开始大规模生产后，它就逐渐被取代。由于弹药独特，M1917 型转轮枪无法在竞争中胜出，但它也没有消失，而是在不断发展进步。随后，柯尔特公司推出一种方便隐藏携带的短鼻手枪，这样使用者可以在口袋中携带一把大威力手枪。短鼻手枪方便携带的代价是降低了精度和射程，增加了后坐力和枪口冲击，并改变了武器的平衡性。由于短鼻手枪主要是用来近距离自卫，因此这些问题并不会产生很严重的问题。携带一把短鼻手枪进入人群中本身就需要很大的勇气。事实上，有些权威人士认为短枪管让敌人看起来手枪口径显得大，能产生更大的威慑力。

柯尔特侦探手枪可以算是最为熟知的短鼻转轮枪，本质上讲它就是一支 50.8 毫米短枪管柯尔特警用

史密斯 & 维森 11.2 毫米口径手动退弹转轮枪	
原产国	美国
时间	1908 年
口径	11.2 毫米
重量	1.08 千克
全长	298 毫米
装弹	6 发转轮
射程	30 米

手枪。它比大尺寸手枪更容易隐藏，但笨重的转轮通常会影响隐藏效果。史密斯 & 维森公司在 20 世纪初一直在主导新型子弹。19 世纪 70 年代问世的 11.2 毫米口径的特种子弹是 11.2 毫米俄国子弹的加长版。这种威力巨大的子弹要求发射它的武器强度必须足够高，最终结果是史密斯 & 维森 11.2 毫米口径手动退弹转轮枪。这种新型转轮枪拥有一个侧摆转轮，它不能像撅把式转轮枪那样实现自动退弹，使用者需要手动推动退弹杆。有时候人们也将这种转轮枪称为史密斯 & 维森 11.2 毫米口径三锁转轮枪，原因是它有三个锁夹而不是通常情况下的两个。但后续型号都删去了这个设计。第二种型号还删去了退弹杆，但在第三种型号中退弹杆又得以恢复。尽管史密斯 & 维森 11.2 毫米口径手动退弹转轮枪性能出色，但它在市场上并没有获得很大的成功，它只是充当了新型 11.2 毫米口径子弹的载具，后来这种新型子弹逐渐发展变成了 11.2 毫米口径马格南子弹。

史密斯 & 维森 11.2 毫米口径转轮枪的另一个衍生型号使用与柯尔特 M1917 型相同的 11.43 毫米口径 ACP 子弹，由于推出

史密斯 & 维森 M1917 型转轮枪	
原产国	美国
时间	1917 年
口径	11.43 毫米
重量	1.08 千克
全长	298 毫米
装弹	6 发转轮
射程	20 米

◀ 装弹器大大缩短了转轮枪的装弹时间，熟练使用者的装弹速度可以与半自动手枪相媲美。

时间也是 1917 年，因此它也被命名为 M1917 型。史密斯 & 维森与柯尔特 M1917 型的主要区别是：史密斯 & 维森没有半月夹，但退弹仍然需要手动来完成。20 世纪 20 年代出现了一种镶边的 11.43 毫米口径 ACP 子弹，这就让转轮枪的使用者可以更方便地取出弹壳。

　　与半自动手枪相比，转轮枪最大的缺点是装弹速度慢，一发接一发地塞进子弹是相当费时费力的，而且人们发明了各种装置来加快装弹速度。人们想出的方法包括利用可以直接塞进转轮的满月和半月夹；将子弹装进桥夹内，使其不散乱；利用桥夹一次可以填装两发子弹。最高效的方法是利用装弹器，装弹器是一个与转轮相同尺寸的装置，使用者可以事先将子弹装进装弹器，然后利用装弹器同时填装所有的子弹。第一种装弹器问世于 1879 年，随着时间的推移，不断有新的装弹器出现。尽管市场上有各种类型的装弹器，但它们的原理基本相同。当然装弹过程也需要勤加练习，使用者熟练使用后可以极大地缩短装弹时间。因此，转轮枪仍然是一种非常实用的个人武器。

　　尽管半自动手枪在稳定性、弹药容量和装弹速度方面都优于转轮枪，但由于结构简单和稳定性高，转轮枪在市场上仍然很有竞争力。结构简单是一方面，更重要的是使用者有信心在战斗中操控自己的武器，转轮枪的简便性就迎合了这一点。

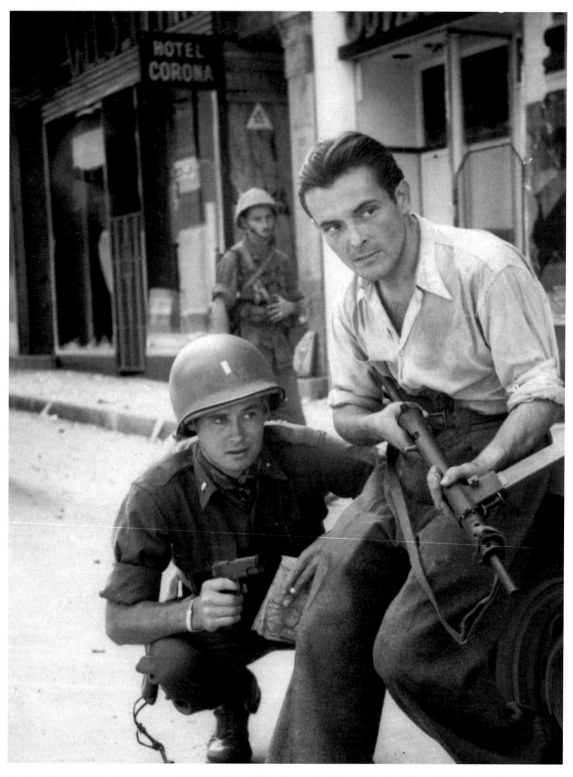

▲ 在 20 世纪的大部分时间里，M1911 型半自动手枪可以算是美国军队的标志，它在那个时期的很多战争和冲突中都能见到。

第五章
第二次世界大战时期的手枪

　　第一次世界大战结束并没有带来世界和平和繁荣。有很多小规模战斗仍在继续，而且禁酒令和大萧条也导致大量暴力行为出现。很多国际化贸易港口都成为这个星球上最无法无天的地方，执法者与罪犯之间的战斗有时就像巷战。在这个时代中出现的武器大部分都是第一次世界大战遗留下来的。

　　一直到第一次世界大战结束，人们都在不断研发新的设计，并且制造了大量的武器装备。战争结束后，市场上充斥着大量武器装备，任何人只要愿意就能以非常低的价格买到。即使很多合同取消，生产计划中止，很多国家的军队也发现他们仍然有很多武器装备，其数量远远超过他们的需求。有些武器装备被应用到其他方面——轰炸机被改装成创造飞行距离纪录的飞机；战舰往往被出售给小国的海军或被改造成试验船。在第一次世界大战后的几年里，各国都有很多过剩的武器装备，在当时的经济形势下，人们往往会选择继续使用这些成熟的装备，而不会尝试那些新的设计。结果是整个武器市场非常萧条，新设计必须有一些特

斯塔尔 B 型手枪	
原产国	西班牙
时间	1924 年
口径	9 毫米帕拉贝鲁姆
重量	1.1 千克
全长	215 毫米
装弹	9 发弹匣
射程	30 米

别吸引人的东西，才能与那些便宜的遗留下来的武器装备竞争。随着时间的推移，大量的老式武器装备需要更新替换，而且欧洲各国都在进行军备竞赛，新的世界大战一触即发。但是，对于新式武器来说，想要打进20世纪20年代和30年代初的市场仍然非常困难。

一些手枪设计充分吸取了第一次世界大战中的经验和教训，因此在战后也很有优势。美国军队对他们在第一次世界大战中的新式手枪很满意，只需要一些轻微的改装就能满足要求，因此战后仍然大规模生产。其他国家战后几年里一直满足于战时制造的手枪，但随着战争阴云的不断迫近，被迫决定更换那些

▶ 尽管日本军官都佩戴着手枪，但他们并不认为手枪是一种可行的作战武器，因为他们的手枪性能并不可靠。

老式武器装备。有些国家战后便进行了大规模裁军，但重新组建军队后就出现大量的新式手枪。因此，20世纪30年代是手枪设计变革的时代，全世界都需要大量的手枪，为了满足市场的需求，不断有新公司成立。执法部门和私人使用的手枪数量基本保持不变，但20世纪30年代全世界都有冲突出现，因此人们再一次需要大量的改进后的高性能手枪。

第二次世界大战爆发

20世纪30年代是一个动荡的时代，西班牙内战爆发，日本对中国东北的侵略以及全面侵华造成非常紧张的局势。接着第二次世界大战爆发，在战斗中栓动步枪最终被半自动和全自动步枪取代。后来出现的冲锋枪都使用现存的手枪子弹，并且军用手枪的需求量也暴增。在战争初期，手枪只是用作军官的副武器和壕沟进攻中的应急武器。像空军和坦克乘员那样的专业人员也会配备手枪，但在第一次世界大战中这样的人员与步兵相比只有很少的数量。但是，在第二次世界大战中就出现了数量众多的空军和坦克乘员，他们需要一种在紧急情况下使用很方便的武器。由于步枪过于笨重，因此急需大量的手枪。手枪的制造往往无法满足需求，他们还迫切需求其他武器装备。

在第二次世界大战中还有一些先前的战斗没有的特点，间谍和抵抗分子发现手枪是一种非常有用的便于隐藏的武器。因此，市场上除了需要大量更有效的新式手枪外，也需要那些便于隐藏的特殊手枪。

第二次世界大战结束后的国际局势与第一次世界大战结束后的不同。同盟国之间的不信任导致战后双方的武装对峙，双方都保留了大量的军队而且需要大量的武器装备。稍微有点火花，新的冲突就会爆发，最初他们在战斗中使用的都是第二次世界大战遗留下来的武器装备，但随着时代的发展，新一代武器装备逐渐出现。到20世纪60年代初期，半自动和全自动步枪已经成为标准的步兵武器，并且转轮枪完全从军队中消失。在个人防御、安保和执法行动中，转轮枪仍然很受欢迎，但其

▲ 西班牙内战中有各行各业的志愿者参加，他们将手边所有能用的东西作为武器。战斗双方的人员都装备有很多阿斯特拉手枪。

地位也受到半自动手枪的威胁。

西班牙的半自动手枪

　　西班牙博尼法西奥·爱彻维利亚公司在 20 世纪 20 年代基于柯尔特 M1911 型半自动手枪推出了斯太尔 A 型、B 型和 P 型以及基于它们的衍生枪型。斯太尔 A 型手枪使用 9 毫米拉尔戈子弹，主要用于装备本国军队。斯太尔 B 型使用 9 毫米鲁格子弹，主要用于出口。斯太尔 B 型手枪的客户就包括德国军队，这就意味着一些德国士兵进入战场时携带着与美国 M1911 型类似的手枪。斯太尔 P 型主要用于美国市场，这也就意味着它只能使用 11.43 毫米口径 ACP 子弹。斯太尔手枪延续了 M1911 型手枪的出色性能，并在市场上取得巨大的成功，其衍生型号一直生产了很多年。斯太尔 P 型手枪在很多方面都有别于 M1911 型手枪，最显著的地方是它没有握把保险装置，后来的型号就与 M1911 型很相似。

20 世纪 30 年代中期，博尼法西奥·爱彻维利亚公司生产了一款试验型突击手枪，并将其命名为斯太尔 PD 型。斯太尔 PD 型有一个加长弹匣，使其可以容纳更多的子弹，此外它还有一个可拆卸枪托，与其他突击手枪相似，它并没有成功，很快就被淘汰。后来"PD"这个名字又被用到一款 11.43 毫米口径紧凑型手枪上，但它与之前的手枪完全不同。

与此同时，阿斯特拉公司也在制造用于出口的手枪。阿斯特拉 600 型是在第二次世界大战最后几年生产的，主要由德国军队使用。阿斯特拉 600 型使用 9 毫米鲁格子弹，它很沉且后坐力大，有良好的精准度和可靠性，但有些人用起来并不习惯。事实上，只有很少一部分阿斯特拉 600 型的订单是第二次世界大战结束前交付的，第二次世界大战结束后，剩余的产品都进入开发市场，其使用者就包括战后的德国警察部门。

阿斯特拉 900 型是另一种出口型号，它可以看作是毛瑟 C96 型的山寨品。阿斯特拉 900 型参加了西班牙内战，但大部分产品都出口到了中国，少部分出口到了德国和拉丁美洲国家，后来在 20 世纪 50 年代还被卖到中东。阿斯特拉公司还生产了几种衍生型号，其中有一款突击手枪型号，其编号从 901～904，其显著区别是弹匣尺寸、类型和口径。901 型、902 型和 903 型使用 7.63 毫米 ×25 毫米子弹，901 型和 902 型分别使用固定式 10 发和 20 发弹匣。全自动开火瞬间就能耗光弹匣，而利用桥夹装弹速度较慢，因此 903 型增加了一个可拆卸弹匣。

阿斯特拉猎鹰手枪

原产国	西班牙
时间	1956 年
口径	9 毫米
重量	0.646 千克
全长	164 毫米
装弹	7 发弹匣
射程	30 米

所有这些手枪共有的主要缺点是，即使 7.63 毫米口径子弹的后坐力已经很小，但自动发射也会导致非常不稳定的枪口上跳。人们尝试将 904 型的发射速率降低，以弥补这一缺点，但并没有完全成功。标准的 904 型使用 7.63 毫米口径子弹，但公司还生产了一款 904E 型，它使用 9 毫米口径子弹。

勃朗宁的其他经典枪型

早期的半自动手枪要么使用口径小、数量多的子弹，要么使用大口径子弹和笨重的弹匣。在 20 世纪 20 年代初期，法国军队想要一种大口径的紧凑型手枪。他们自然地也想让这种手枪的威力足够大，有足够的止动能力，并用作一种有效的作战武器。约翰·勃朗宁当时正在 FN 赫斯塔尔公司，他接到任务负责研制一种满足法国军方的手枪。由于柯尔特公司拥有 M1911 型手枪的专利，因此勃朗宁无法研制它的升级型号，新型手枪必须从头开始设计。

勃朗宁研发了两种原型设计，但直到 1926 年 11 月去世时

勃朗宁大威力手枪	
原产国	比利时 / 美国
时间	1935 年
口径	9 毫米
重量	0.99 千克
全长	197 毫米
装弹	13 发弹匣
射程	30 米

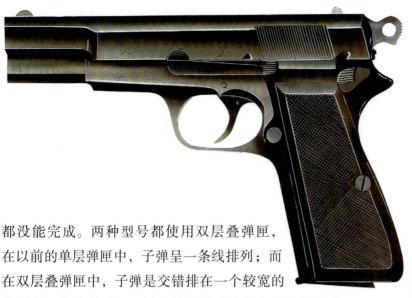

都没能完成。两种型号都使用双层叠弹匣，
在以前的单层弹匣中，子弹呈一条线排列；而
在双层叠弹匣中，子弹是交错排在一个较宽的
弹匣中。从此以后，双层叠弹匣就成为很多手枪的标准
配置。双层叠弹匣让握把变宽，但对于 9 毫米 ×19 毫米子弹来
说，增加的宽度已经很小。新型手枪在勃朗宁去世后得以完成，
里面有很多模仿柯尔特 M1911 型手枪的特点（这些专利已经过
期）。新型手枪被命名为勃朗宁大威力手枪，其弹匣能容纳 13
发子弹。

　　具有讽刺意味的是，选择勃朗宁大威力手枪的并不是法国
军队，而是比利时军队和英国军队，比利时军方将其命名 HP-35
手枪。第二次世界大战爆发后，位于比利时的 FN 公司工厂被德
国军队占领，因此很多德国士兵都使用勃朗宁大威力手枪，而
与此同时同盟国集团则在加拿大生产自己的 HP-35 手枪。

　　当时英国军队非常缺乏 HP-35 手枪，以致无法完全替换包
括韦伯利和恩菲尔德转轮枪在内的老式武器。老式武器被淘汰
后，让 9 毫米口径勃朗宁成为标准的英国军用手枪。HP-35 手
枪成功销售到全世界的很多国家。随着时间的推移，还出现了
很多衍生型号，有些加装了安全装置。有些在第二次世界大战
期间或战后生产的手枪用于一个可以安装枪托的开槽握把。安
装枪托后可以让手枪变成一把步枪，但在实际使用中它并不实
用，很快就消失了。还有一种衍生型号使用 10.16 毫米口径子
弹，并装有一个双动扳机。总之,9 毫米口径型号是最受欢迎的。

L9A1 型手枪	
原产国	比利时 / 美国
时间	1962 年
口径	9 毫米
重量	0.88 千克
全长	196 毫米
装弹	13 发弹匣
射程	40 米

HP-35手枪已经从绝大多数军队中退役，但直到今天仍然有很多地方在生产（包括复制型号和山寨型号）。

小口径半自动手枪

法国军方最终选择的是7.65毫米×22毫米口径M1935型半自动手枪。尽管被命名为M1935型，但新型手枪直到1936年才开始生产。后来在1938年还出现了一种改进型，其特点是结构进行了简化，以便于快速生产。新型法国手枪只能容纳8发子弹，而且7.65毫米口径子弹的威力并不大。尽管如此，M1935型还是一直服役到20世纪50年代。

同时，瓦尔特公司推出了一把小口径双动手枪，并将其命名为PP手枪。大部分PP手枪都使用9毫米×17毫米（9毫米APC）子弹，还有少部分使用5.6毫米和6.35毫米口径子弹。PP手枪和其表亲PPK（尺寸较小）的特点是都装有一个双动扳机，使手枪能够随时射击。PP和PPK手枪的潜在用户包括便衣警察，因为他们需要一把小尺寸且便于隐藏的手枪。第二次世界大战前和第二次世界大战期间，德国军队和警察部门都使用PP和PPK手枪，战争结束后，它们更是出口到海外。为了满足美国进口法律要求，公司推出了混合的PPK/S型。由于PPK尺寸太小，无法满足美国的进口要求，因此公司将PPK的小型滑套和枪管安装到了PP的框架上，制造出一种符合美国法律要求

瓦尔特PPK手枪	
原产国	德国
时间	1929年
口径	9/7.65/6.35/5.6 毫米
重量	0.59千克
全长	148毫米
装弹	9发弹匣
射程	30米

▲ 尽管使用威力小的 9 毫米 × 17 毫米子弹，但意大利军队使用的贝雷塔 M1934 型仍然算是一种非常出色的手枪。而且贝雷塔 M1934 型手枪的生产一直持续的 20 世纪 90 年代。

的混合型手枪。

第一次世界大战中，贝雷塔公司就以制造可靠有效的手枪而著称，战争结束后贝雷塔公司就得到回报，其推出的 M1934 型手枪被意大利军方选中，成为意大利军方的标准副武器。尽管广义上的小口径手枪都使用 7.65 毫米口径子弹，M1934 型则使用 9 毫米口径子弹，但其威力对军方来说并不大。尽管威力不大，M1934 型手枪在意大利军队中表现得非常出色，此外德国军队和罗马尼亚军队也大量使用 M1934 型手枪。公司还推出了一种衍生型号——M1935 型，它使用 7.65 毫米 × 17 毫米子弹。CZ 公司在 20 世纪 30 年代推出了一款使用 9 毫米口径子弹

的手枪，其名字为捷克 CZ-38 手枪。这些武器一直服役到 20 世纪 50 年代，其生产一直延续到 20 世纪 80 年代。

捷克 CZ-38 手枪是从早期 Vz22 和 Vz24 手枪发展来的。Vz22 和 Vz24 手枪最初使用的是 9 毫米鲁格子弹，但进入生产后换成了当时捷克军方使用的短头弹。尽管使用了威力更大的子弹，但 Vz22 和 Vz24 手枪并不可靠，而且结构过于复杂。此外，后部断开的特点对于手枪来说并不需要。尽管性能不可靠，但仍然一直在捷克军中服役到德国入侵。后来，德国军队占领工厂，Vz22 和 Vz24 手枪开始装备到德国军队中。人们研制 CZ-38 手枪的本意是更正早期手枪的缺点，但最后适得其反。

捷克 CZ-38 手枪

原产国	捷克斯洛伐克
时间	1938 年
口径	9 毫米短头弹
重量	0.909 千克
全长	198 毫米
装弹	8 发弹匣
射程	30 米

托卡列夫 TT30 手枪

原产国	苏联
时间	1930 年
口径	7.62 毫米
重量	0.83 千克
全长	194 毫米
装弹	8 发弹匣
射程	30 米

CZ-38 手枪使用 9 毫米口径短头弹，上面的双动扳机很紧，操作起来很费劲。CZ-38 手枪威力小、精准度差，很多人使用起来都不习惯，后来德国入侵占领了工厂，生产的手枪开始装备给德国军队。从这一点我们也能看出，当时德国等轴心国军队急需手枪。

苏联从来没有将手枪定义为有效的战斗武器，他们认为手枪是军官地位的象征或一种执行纪律的手段。即使如此，到 20 世纪 20 年代末，苏联军方还是感觉自己的纳甘转轮枪已经过时，需要一种更先进的替代品。1930 年，苏联选择了费奥多尔·托卡列夫的一款设计，随后经过几年的测试和一些改进，最终托卡列夫 TT33 手枪成为苏联红军标准的副武器。托卡列夫 TT33 手枪使用 7.62 毫米子弹，在很大程度上受到毛瑟 C96 手枪（当时在苏联军官中非常流行）的影响。尽管威力并不强大，但苏联红军对这种手枪还是很满意的。

托卡列夫手枪非常耐脏、耐用，能够经受住苏联的严寒天气，但它的握把不舒服且缺少必要的安全装置。当子弹在枪膛内时，托卡列夫手枪携带起来并不安全，如果需要立即射击，标准的做法是通过滑动滑套让子弹进入枪膛，并翘起击锤使其进入击发状态。尽管不是一把出色的作战武器，但它在任何条件下都非常稳定可靠，并且大量装备到苏联红军中。此外，托卡列夫手枪还远销海外，特别是中国和东欧，并一直服役到 20 世纪 60 年代。

托卡列夫 TT33 手枪

原产国	苏联
时间	1933 年
口径	7.62 毫米
重量	0.83 千克
全长	194 毫米
装弹	8 发弹匣
射程	30 米

▶ 尽管在官方文件中，P08 手枪已经被瓦尔特 P38 手枪所取代，但在整个第二次世界大战期间它仍然一直在德国军队中服役。第二次世界大战末期，P08 手枪是很多盟军士兵都想要的战争纪念品。

9 毫米半自动手枪

第二次世界大战结束后，北约国家与苏联等国家的手枪口

径存在巨大的差异。在随后的标准化运动中，一些种类的口径逐渐消失，另一些则只出现民用市场上。在很多国家（尤其是西欧国家）中，9 毫米鲁格子弹是最常用的，当时 9 毫米鲁格子弹已经被北约国家定为标准，而且在民用市场上它也占有很重的地位。在战后的武器市场上出现了一些特殊的情况，有些国家会研究竞争对手的武器设计，也可能直接将武器出售给那些可能变成敌人的国家。尽管当时，在市场上能找到各种口径子弹的手枪，但大部分战时手枪都使用 9 毫米鲁格子弹。这样就使得战斗中一方可以从对方那里获取子弹，并且在某些情况下武器部件甚至也可以互用。英国斯特恩轻机枪与德国的 MP38机枪使用相同的弹匣，而在第二次世界大战后期，德国甚至直接复制英国的斯特恩轻机枪装备到自己的国民自卫队中。

▲　正如鲁格手枪对于德国军队一样，托卡列夫手枪已经变成苏联红军的象征。很多苏联的宣传海报中都有它的影子。

瓦尔特 P38 手枪

原产国	德国
时间	1938 年
口径	9 毫米
重量	0.96 千克
全长	213 毫米
装弹	8 发弹匣
射程	30 米

第二次世界大战期间，包括 9 毫米和 11.43 毫米 ACP 在内的某些口径子弹很受欢迎，因此它们在战后几乎肯定会成为标准子弹。第二次世界大战以前，这些口径的崛起是逐渐演变的，但战争爆发后提供了一个天然的过滤场所，最终决定了战后会出现哪种口径的子弹。德国军队一直坚持使用 9 毫米 × 19 毫米子弹，并且在 20 世纪 30 年代寻求一种新型手枪来替换老式的 P08 手枪。新型手枪的精准度和稳定性与 P08 手枪一样出色，但它结构更简单，制造成本更低。瓦尔特公司研制了一种符合要求的设计，并将其命名为 P38，经过一些改进后，开始装备到德国军队中。

瓦尔特 P1/4 手枪

原产国	德国
时间	1957 年
口径	9 毫米
重量	0.84 千克
全长	216 毫米
装弹	8 发弹匣
射程	50 米

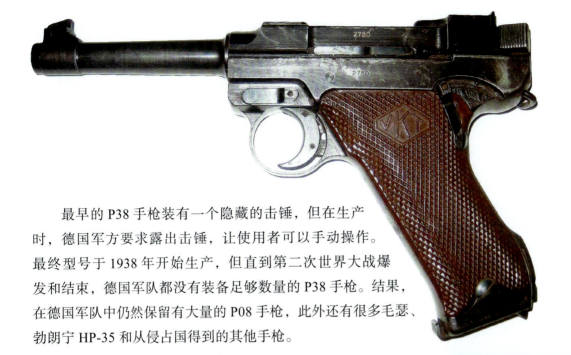

最早的 P38 手枪装有一个隐藏的击锤，但在生产时，德国军方要求露出击锤，让使用者可以手动操作。最终型号于 1938 年开始生产，但直到第二次世界大战爆发和结束，德国军队都没有装备足够数量的 P38 手枪。结果，在德国军队中仍然保留有大量的 P08 手枪，此外还有很多毛瑟、勃朗宁 HP-35 和从侵占国得到的其他手枪。

新的特点

　　P38 手枪引入了很多新的特点，后来很多都成为手枪的标准。与此前的 PP 和 PPK 手枪相同，它也装有一个双动扳机，这也让它成为世界上第一种有双动功能的大口径半自动手枪。一根击锤杆让使用者在将第一发子弹装进枪膛后降下击锤，让使用者选择手动翘起击锤或像其他半自动手枪一样，第一发子弹双动发射，后面的单动发射。P38 手枪的生产在第二次世界大战结束后仍然一直持续，生产地点主要位于法国，第二次世界大战结束后大量装备到联邦德国的警察和军事部门。大部分战后的 P38 手枪都采用铝制框架，军用和警用版被命名为 P1，民用版则继续使用 P38 的名字。后来，德国警察部门需要更先进的手枪，人们便在 20 世纪 70 年代对原来的型号进行了改进，并将其命名为 P4 型。P4 型手枪还有一种短枪管，属于便于隐藏的衍生型号。

　　芬兰的拉赫蒂 L-35 手枪尽管在外观方面与 P08 手枪很相似，但它是芬兰研制的一种完全不同的手枪。由于芬兰地处北极附

拉赫蒂 L-35 手枪	
原产国	芬兰
时间	1935 年
口径	9 毫米
重量	1.2 千克
全长	165 毫米
装弹	8 发弹匣
射程	50 米

拉多姆 WZ35 手枪

原产国	波兰
时间	1935 年
口径	9 毫米
重量	1.022 千克
全长	197 毫米
装弹	8 发弹匣
射程	30 米

近，气候非常寒冷，因此设计者增加了一个枪机加速器来改善枪机动作。拉赫蒂 L-35 手枪的使用者主要是芬兰军队，并一直服役到 20 世纪 80 年代。瑞典以拉赫蒂 L-35 手枪为基础生产了一种改进型，并将其命名为 M/40 型，M/40 型手枪没有枪栓加速器，因此结构更简单。M/40 型手枪在瑞典军队中一直服役到 20 世纪 80 年代，随后被更先进的手枪取代。

第二次世界大战期间一把最好的手枪出自波兰。WZ35 手枪产自波兰的拉多姆，外观很像勃朗宁 M1911 型，但内部结构更像 HP-35 型。WZ35 手枪的研发始于 1930 年，经过一年多的测试和改进后最终成型，1935 年波兰军队开始装备并使用这种新型手枪。尽管比其他手枪略重，但它精准度高、稳定性好，使用起来很舒适。它使用 9 毫米 × 19 毫米子弹，弹匣内可以容纳 8 发子弹。凭借出色的性能，WZ35 手枪很快被认为是当时最好的手枪之一，波兰被德国占领后，大量 WZ35 被装备到德国军队中。受到苏联的影响，波兰在战后就停止制造 WZ35 手枪。当时，苏联规定波兰军队必须使用 7.63 毫米托卡列夫手枪。1990 年后，WZ35 手枪的生产又得以恢复。

间谍活动使用的手枪

大部分手枪都始于隐蔽行动，即使最笨重的手枪也能很容易地隐藏起来。小口径手枪并不适合日常作战，但它们可以用于紧急自卫或暗杀行动。对于特工人员来说，他们唯一有效的防御手段是不被别人发现——如果他们被敌人发现，几乎没有有效的防御武器。他们的任务并不是和敌人直接作战，而是获取情报并联络当地的抵抗分子。因此他们的武器往往就是一把手枪，尽管作用不大，但比什么都没有要强多了。手枪还可能用作逮捕和拷问的工具，甚至可以帮助他摆脱困境。

手枪也可以用来缴获更好的武器，使用者可以让敌人士兵投降或在他们行动前将他们击倒。这样，手枪就可以变成更有效的机枪和步枪，当然对于缴获武器来说，任何一种武器都可以完成。第二次世界大战期间，为了造成德占欧洲的混乱，盟军想出了一个主意——空投大量廉价的手枪到德占区域供那些抵抗分子使用。其中一种就是解放者手枪，解放者手枪非常粗糙，只能算是一把滑膛单动手枪，抵抗分子往往用它们来偷袭，但在面对面火拼时非常难用。

解放者手枪使用 11.43 毫米口径 ACP 子弹，但重新装弹比较繁琐，需要一发接一发地填装。解放者手枪也没用退弹装置，发射完后，使用者需要用一根小棍将弹壳捅出来。备用子弹位于握把内，使用者往往没有使用备用子弹的机会。设计者尽可能让解放者手枪简单便宜，可以被大量空投进德占区域。他们并不担心解放者手枪落入敌人手里，因为解放者手枪几乎不可能提高敌人的战斗力。但在抵抗组织手中，抵抗分子不仅能实施暗杀消灭部分敌人，而且甚至有可能缴获一些更好的武器装备。如今并没有多少证据表明解放者手枪被多少人使用过，但是在第二次世界大战期间的黑暗时代，解放者手枪的出现让人有机会以最廉价的代价来反抗敌人。

另一种较为复杂和专业的是威尔洛德手枪，它是一种专门为情报部门定制的暗杀武器。威尔洛德手枪使用 8.1 毫米口径 ACP 子弹，其弹匣可以容纳 6 发或 8 发子弹。整个过程都由手动来完成，使用者通过向后

解放者 M1942 型手枪

原产国	美国
时间	1942 年
口径	11.43 毫米
重量	0.454 千克
全长	141 毫米
装弹	单发
射程	8 米

威尔洛德手枪

原产国	英国
时间	1940 年
口径	7.65 毫米
重量	1.09 千克
全长	310 毫米
装弹	8 发弹匣
射程	20 米

拉动手枪后部的球形枪机来让子弹进入枪膛，重新安装内置弹匣时需要将握把拆卸下来。它并不是一把作战武器，而是一种便于隐藏的近距离暗杀工具。手枪上唯一的安全装置是一个握把保险，尽管威尔洛德手枪上装有瞄准器，但使用者几乎不使用它。

人们还设想出一种"手套枪"的概念，其本质就是将一种可以发射手枪子弹的装置安装在手套背面。手套前面伸出的一根控制杆可以触发发射，让使用者用手接触目标就能完成暗杀，接着迅速逃离。这种武器只有一种用途，因此并不需要遵循武器设计的传统规则。

第二次世界大战后的转轮枪

在第二次世界大战中，绝大多数参战国都将半自动手枪作为标准的副武器。但转轮枪也没有完全消失，美国的乔治·巴顿将军就将一把转轮枪作为自己的个人配枪。转轮枪在某些冲突中是重要的一部分，不仅仅是因为它们结构比半自动手枪简单，而且在某些国家，直到战争爆发也没用完成手枪的更新换代，因此在战争初期他们都携带着转轮枪进入战场。此外，有些国家为了战争还大量扩充部队，由于武器短缺他们便将仓库中淘汰下来的转轮枪拿出来重新使用。

战争结束后，市场上的转轮枪主要出售给私人用户和执法部门，而军方合同几乎没有。但是，也有例外。20 世纪 50 年代，美国战略空军的轰炸机机组人员需要一把副武器以应对紧急状况。由于轰炸机往往要飞行很远的距离才能抵达轰炸地点，完成轰炸后轻装返回，可以分配给轰炸机机组人员的重量非常有限。解决方案是选用柯尔特空勤手枪，本质上讲柯尔特空勤手

枪就是一种使用 9.65 毫米口径特种弹的铝合金框架柯尔特侦探手枪。美国军方订购了很大的数量，但很快人们就发现并不能承受发射子弹产生的强大压力。随着框架断裂事故的报告不断增多，军方决定使用威力更小的 9.65 毫米口径子弹，但这样并没有完全解决问题。最终，柯尔特空勤手枪逐渐退出服役，淘

▲ 在美国禁酒令时期，执法人员有权选择自己的武器，很多人都会选择半自动手枪。

► 尽管半自动手枪很容易就能得到，但在整个第二次世界大战期间，加拿大军队和英国军队的标准全副武器也包括转轮枪。

汰下来的手枪绝大部分都被销毁。有些空勤手枪幸存下来，主要都在那些提前退役的老兵手里，如今非常罕见。

　　史密斯＆维森公司也向美国战略空军提供了自己的铝制框架转轮枪。新型转轮枪是根据史密斯＆维森 M12 型转轮枪设计的，并被重新命名为 M13 型。M13 型手枪遇到了与柯尔特空勤手枪相同的问题。公司还推出了一款民用型号，并将其命名为 M12 轻质型。即使是低威力子弹，铝制框架型号发射起来也不安全，因此公司推出一年后，就着手将铝制材料换成力学性能更强的钢制材料。像很多小口径转轮枪，史密斯＆维森 M12 型转轮枪是一种非常受欢迎的隐藏携带手枪或警用配枪。史密斯＆维森公司的产品还包括 M36 型，它是公司推出的第一种 J 型

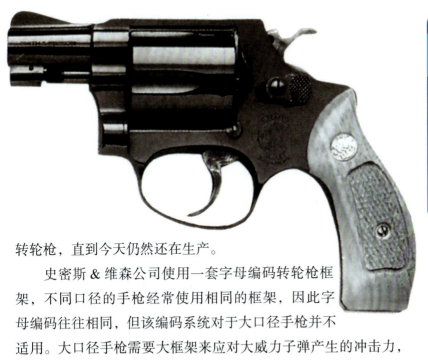

史密斯 & 维森 M36 型转轮枪	
原产国	美国
时间	1950 年
口径	9.65 毫米
重量	0.553 千克
全长	176 毫米
装弹	5 发转轮
射程	23 米

转轮枪，直到今天仍然还在生产。

史密斯 & 维森公司使用一套字母编码转轮枪框架，不同口径的手枪经常使用相同的框架，因此字母编码往往相同，但该编码系统对于大口径手枪并不适用。大口径手枪需要大框架来应对大威力子弹产生的冲击力，以防止发射时枪膛出现故障。

史密斯 & 维森 M36 型转轮枪的框架很小，转轮只能容纳 5 发 9.65 毫米口径子弹。当时，它是一种非常受欢迎的备用手枪或隐藏携带手枪。

大部分转轮枪都能携带 6 发子弹，但也有一些 5 发子弹的转轮枪。很多小型转轮枪只能携带 5 发子弹，这样能减小转轮

史密斯 & 维森世纪版转轮枪	
原产国	美国
时间	1952 年
口径	9.65 毫米
重量	0.59 千克
全长	160.3 毫米
装弹	5 发转轮
射程	30 米

的宽度，从而减小尺寸、减轻重量。史密斯＆维森世纪版转轮枪就是一种小型5发J型转轮枪，这种双动扳机转轮枪有一个隐藏的击锤。它有很多衍生型号，可以使用各种口径的子弹，包括5.6毫米口径长步枪子弹和9毫米口径马格南子弹。

有些小口径转轮枪也使用了相对较大的框架。柯尔特公司专门为执法武器市场研制了一种小口径手枪，即9.65毫米口径的柯尔特骑警手枪，随后公司还推出了一种5.6毫米口径的型号。5.6毫米口径的柯尔特骑警手枪由于达不到警察武器的威力要求，因此主要用来进行训练或供那些私人使用者使用。5.6毫米口径柯尔特骑警手枪并没有发挥出所有的潜力，因为其转轮可以容纳6发9.65毫米口径子弹，而且弹膛结构的强度完全可以用来发射它们。经过适当改装，柯尔特骑警手枪还能发射9毫米马格南子弹，这让公司又推出了更廉价的柯尔特执法人手枪。

手枪在进化发展过程中会出现很多衍生型号，但它们的命名并不存在明显的逻辑规律。

武器制造商是生意人，给产品取个好听的名字可以促进销售。武器公司应该建立一个符合逻辑的命名和编码系统，但有时候很多公司将先前武器取得的好声誉看成非常重要的营销手段，经常将那些名字应用到新型武器装备上，因此这会导致那些原来整齐的编号从中间断开。

第二次世界大战后的半自动手枪

第二次世界大战结束后，各国都面临一个问题，即让本国的武器装备合理化。战时的权宜之计导致各国生产了大量的各种型号和口径的武器装备，以满足迫切的需求。战争结束后，世界格局变得越来越明显，很多国家都需要作出决定来解决多余武器装备的未来。某些情况下，武器装备选择是由经济因素决定的，在其他方面，国际政治也起到重要作用。随着世界逐渐两极化分成美国、苏联两个超级大国联盟，两个阵营中的国家所获得的武器种类往往还需要考虑很多附加条件。

◀ 尼古拉·马卡洛夫设计的手枪在苏联军队中服役了 40 多年。凭借对苏联武器技术的卓越贡献，他被授予"苏联劳工英雄"等荣誉。

P-64 手枪

原产国	波兰
时间	1965 年
口径	9 毫米
重量	0.62 千克
全长	160 毫米
装弹	6 发弹匣
射程	40 米

　　冷战开始，大部分的东欧国家都成了苏联的盟友。苏联军队的武器成为苏联盟友的标准武器（并不是所有国家都是自愿的）。由于原来的托卡列夫手枪比较落后，因此苏联军方寻找一种新型手枪来替换，最终他们选择了尼古拉·马卡洛夫的一款设计。马卡洛夫手枪深受德国 PP 和 PPK 手枪的影响，但它使用一种 9 毫米 ×18 毫米的新型子弹。新型子弹比西方国家的 9 毫米 ×19 毫米鲁格子弹短而宽，因此两者无法互换使用。马卡洛夫手枪性能出色且制造成本很低，考虑到需要装备的数量，这一点非常重要。

　　马卡洛夫手枪在苏联军队和警察部门中服役了很长时间，

而且它从苏联退役后，仍有很多国家使用。尽管精准度不高，但它尺寸小且易于隐藏，在某些情况下便于隐藏起来的武器，精准度往往不是主要的考虑因素。20 世纪 90 年代，苏联对马卡洛夫手枪进行了升级改造，新型手枪被命名为马卡洛夫 PMM 型。与此同时，最初的马卡洛夫手枪仍在世界范围内不断被生产和复制，其中数量最多的是中国军队使用的 59 式手枪。波兰 P-64 手枪的设计也借鉴了德国的瓦尔特 PPK 手枪，它在外观上与马卡洛夫手枪相似，并且使用相同的子弹。

继 P-64 手枪后，波兰又推出了 P-83 手枪，P-83 手枪也有很明显的东欧风格。P-83 手枪主要装备于波兰军方和警察部门，设计上它使用 9 毫米 × 18 毫米马卡洛夫子弹，但市场上也有 9.65 毫米和 8.1 毫米口径的小口径型号出现。与很多东欧国家相同，冷战结束后，波兰军队转而使用与西方国家相同的 9 毫米 × 19 毫米子弹。P-83 手枪的替代者也使用 9 毫米 × 19 毫米子弹的 WIST-94 手枪。WIST-94 手枪与波兰先前使用的手枪完全不同，这也意味着马卡洛夫手枪对东欧国家的影响已经消失。

匈牙利的设计师基于德国的瓦尔特 PPK 手枪研制出了 PA-63 手枪，当然新型手枪也使用苏联的马卡洛夫子弹。市场上也有使用 9.65 毫米和 8.1 毫米口径的型号，但并不常见。

斯捷奇金突击手枪是为载具乘员和炮兵人员研制的，其特点是有一个可拆卸的枪托。斯捷奇金突击手枪有全自动发射功能，最初它使用 7.62 毫米 × 25 毫米托卡列夫子弹，但后来被改装使用 9 毫米 × 18 毫米马卡洛夫子弹。子弹变重后使手枪在自动射击时难以控制，因此在紧急情况下用作冲锋枪时，它并不

马卡洛夫手枪	
原产国	美国
时间	1951 年
口径	9 毫米
重量	0.66 千克
全长	160 毫米
装弹	6 发弹匣
射程	40 米

奏效。斯捷奇金突击手枪显得很笨拙，与马卡洛夫等手枪设计相比毫无优点。此外，它有一种带有金属枪托的禁售型号仍在服役，也许我们能在特种部队的军火库中找到它。

尽管托卡列夫手枪逐渐被苏联军队淘汰，苏联还是尝试将它们出售到海外。其中一种就是为埃及军方研制的 Tokagypt 58 手枪。Tokagypt 58 手枪的产地是匈牙利，它使用 9 毫米 × 19 毫米子弹，将单词"托卡列夫"（Tokarev）和"埃及"（Egypt）合二为一即是其名称。但埃及军方并没有选择它，最终少量装备到了警察部门，剩余的大部分则流向了开放市场。将 Tokagypt 58 手枪挤掉的是贝雷塔 M1951 型的埃及授权版——赫勒万手枪。贝雷塔公司研制贝雷塔 M1951 型的目的是让它取代意大利军队中老式

Tokagypt 58 手枪	
原产国	埃及 / 匈牙利
时间	1958 年
口径	9 毫米
重量	0.91 千克
全长	194 毫米
装弹	7 发弹匣
射程	30 米

贝雷塔 M1934 型手枪

原产国	意大利
时间	1934 年
口径	9 毫米
重量	0.65 千克
全长	152 毫米
装弹	9 发弹匣
射程	30 米

的贝雷塔 M1934 型，并希望它在国际军用市场上获得成功。公司还生产了一种全自动型号，主要出售给一些警察部门、特种部队和贵宾安保卫队。但较高的射速和相对较小的弹匣容量，很大程度上限制了效率。此外，全世界还有很多标准 M1951 半自动型号的衍生型号，它们可以使用其他种类的子弹。

1950 年，法国军队需要一种新型手枪。当时法国军队装备组成比较复杂，在德国占领期间，原有武器生产被迫中断，在战争结束后，作为战争赔偿，法国得到了大量各种型号的武器装备。法国军队需要一些时间来重整装备。最终，他们选择了 M1935 型的一种升级型号，即 MAS M1950 型。MAS M1950 型是一种使用 9 毫米 ×19 毫米子弹的半自动手枪，它具有那个时代的典型样式，性能优异相当适合军用和警用。尽管精准度不高，但是它坚固

贝雷塔 M1951 型手枪

原产国	意大利
时间	1951 年
口径	9 毫米
重量	0.87 千克
全长	203 毫米
装弹	8 发弹匣
射程	50 米

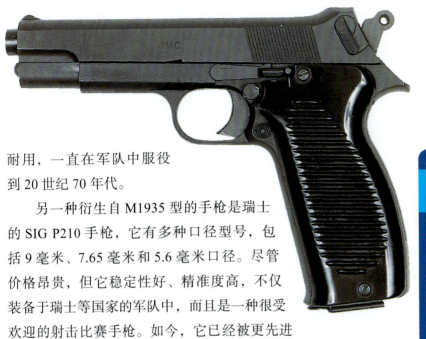

耐用，一直在军队中服役
到 20 世纪 70 年代。

　　另一种衍生自 M1935 型的手枪是瑞士的 SIG P210 手枪，它有多种口径型号，包括 9 毫米、7.65 毫米和 5.6 毫米口径。尽管价格昂贵，但它稳定性好、精准度高，不仅装备于瑞士等国家的军队中，而且是一种很受欢迎的射击比赛手枪。如今，它已经被更先进的手枪取代，但在某些国家偏远地区我们仍能发现它的踪迹。

MAS M1950 型手枪	
原产国	法国
时间	1950 年
口径	9 毫米
重量	0.86 千克
全长	195 毫米
装弹	9 发弹匣
射程	50 米

马格南转轮枪

　　第二次世界大战结束后，兴起了一阵大威力手枪的潮流，包括史密斯 & 维森公司在内的很多公司都在测试威力更大的子弹。结果是让子弹变得更长，在口径相同的前提下，可容纳更

SIG P210 手枪	
原产国	瑞士
时间	1949 年
口径	9 毫米
重量	0.9 千克
全长	215 毫米
装弹	8 发弹匣
射程	30 米

▶ 人们常认为马格南转轮枪是最近才被研制出来的，但事实上它已经存在了很多年。图中是一把1938年在一次武装抢劫中劫匪使用的马格南转轮枪。

多的火药，9毫米口径马格南子弹就是其中一个例子。"Magnum（马格南）"的字面意思就是"大"，马格南子弹是从9.65毫米口径子弹发展来的。武器口径有时是以枪口内径来测量的，有时是从膛线深处来测量，有时指的就是子弹本身的直径。这样很容易产生混淆，因此子弹直径上会有一些余量（通常不会很大），以适应武器可能存在的口径差异。

由于9毫米口径马格南子弹比通常9.65毫米口径子弹略长，因此发射9毫米口径马格南子弹的武器也能发射9.65毫米口径子弹。更重要的是，由于威力更小，这样不会产生任何危险。但对于一把使用9.65毫米口径子弹的武器，它的枪膛壁较薄，而且9毫米口径马格南子弹较长，如果使用9毫米口径马格南子弹会存在很大的危险。

1935年，史密斯＆维森公司推出了一种使用新型马格南子弹的转轮枪，新型马格南转轮枪之比普通的9.65毫米口径略重，但威力非常强大。公司还推出了不同枪管长度的型号，以满足不同客户的需求。史密斯＆维森公司将新型9毫米口径马格南手枪命名为M27型，起初它的销量很小，但后来逐渐受到欢迎，最后取得了巨大成功。

　　第二次世界大战期间使用的大部分转轮枪都是先前采购的，尽管 M27 转轮枪参加过一些战斗，但并不是主要的作战武器。执法部门和私人用户对新一代大口径转轮枪更感兴趣，美国的警察部门和联邦调查局都将它用作标准的武器。一般来说，那些执法部门倾向于使用威力更大的武器。警察或联邦探员有时要面对多个袭击者，因此他使用的武器要有让敌人受到一击就失去行动能力的功能。具有讽刺意味的是，执法人员往往并不需要开枪就能制止罪犯。当然，他们携带一把大威力手枪可以威慑敌人，增加自己的信心。

　　M27 转轮枪一直生产了很多年，直到今天仍然作为 M627 型存在。在今天，史密斯 & 维森公司的产品型号都使用一种表明武器特点（以便于理解）的编号。以 M627 这个名字为例，数字"6"代表不锈钢框架，"27"代表武器的血统，即衍生自经典的 M27 型。第二次世界大战结束后，市场上出现了很多使用马格南子弹的武器，其中就包括史密斯 & 维森 M28 型。M28 型算是 M27 型的廉价版，起初公司将它命名为"告诉巡逻者"，

柯尔特蟒蛇转轮枪	
原产国	美国
时间	1955 年
口径	9.1 毫米
重量	1.08 ～ 1.2 千克
全长	235 毫米
装弹	6 发转轮
射程	50 米

柯尔特骑警 MK V 型转轮枪	
原产国	美国
时间	1953 年
口径	9.1 毫米
重量	1.2 千克
全长	260 毫米
装弹	6 发转轮
射程	50 米

以显示主要面对执法市场。市场上还有很多使用 9.1 毫米马格南子弹的转轮枪，很多直接就是那些畅销型号的复制品。也许最显著的大框架转轮枪之一是柯尔特巨蟒，它衍生自一种更早期的设计，本质上讲它就是一种可以使用马格南子弹的柯尔特骑警转轮枪。

柯尔特 M357 型并没有取得很大的销量，随后柯尔特公司对其进行了一些修改，并将其命名为柯尔特巨蟒手枪。柯尔特巨蟒手枪拥有一个独特的枪管顶肋和全尺寸枪管支托，让整个手枪看起来很独特，能吸引很多潜在用户的眼球。尽管，柯尔特巨蟒手枪价格比较昂贵，但深受那些想要高质量手枪且不差钱的用户的喜欢，直到今天仍然如此。柯尔特巨蟒手枪的生产一直持续到 21 世纪初，在此期间还出现了很多衍生型号，其中就包括柯尔特水蟒手枪，它主要面对的是高端体育射击和狩猎市场。

执法部门普遍喜欢新型 9.1 毫米口径马格南转轮枪，并且从 20 世纪 50 年代开始它的数量也越来越多。史密斯 & 维森公司根据先前 9.1 毫米口径的 M10 型转轮枪，专门为执法部门研制了一款新手枪，并将其命名为 M13 型。此时你可能会感到困惑，因为

柯尔特水蟒转轮枪	
原产国	美国
时间	1990 年
口径	11.43 毫米
重量	1.5 千克
全长	280 毫米
装弹	6 发转轮
射程	45 米

史密斯 & 维森公司此前曾推出一款不成功的铝制框架 M13 型转轮枪，需要说明的是两种手枪完全不同。史密斯 & 维森公司还根据苏联的 11.2 毫米口径子弹研制了一种相同口径的子弹，并进一步将其发展成 11.2 毫米口径马格南子弹，这种子弹需要一种超重型框架手枪来应对其在枪膛内产生的巨大压力。尽管 11.2 毫米口径马格南转轮枪很重，有助于吸收部分后坐力，但是子弹发射时仍然能产生巨大的反冲，这让很多用户都难以控制。

虽然有些警察部门认为史密斯 & 维森 11.2 毫米马格南转轮枪很有潜力，但它们并没有大量进入执法市场。11.2 毫米口径子弹的威力可以击毁汽车发动机缸体，进而阻止开车逃跑的罪犯，这似乎很有用，但很多执法者认为根本没有必要背着这么重的武器来执行任务。

史密斯 & 维森 M29 型转轮枪确立了 11.2 毫米口径马格南子弹在市场上的地位，并且随着克林特·伊斯特伍德主演的电影《警探哈里》大卖后，其销量大幅度增长。尽管 11.2 毫米口径马格南转轮枪并不是威力最大的手枪，但在当时它是能在市场上获得的威力最大的手枪。与许多长寿命设计相同，M29 型也在不断更新升级，其中包括在 20 世纪 70 年代出现的铝合金框架 M629 型。

▼ 电影《警探哈里》剧照，它帮助 11.2 毫米口径马格南转轮枪在全世界进行了营销推广。但事实上，很少有警察部门选择装备 11.2 毫米口径转轮枪，很多人认为它威力过大而且难以控制。

史密斯 & 维森 M29 转轮枪

原产国	美国
时间	1955 年
口径	11.2 毫米
重量	1.27 千克
全长	枪管不同长度各不相同
装弹	6 发转轮
射程	50 米

鲁格公司于 1955 年凭借鲁格黑鹰手枪开始进入马格南转轮枪市场。鲁格黑鹰手枪衍生自早期的小口径鲁格单六转轮枪。当时电影界出现了大量好莱坞西部影片，人们对里面出现的转轮枪非常感兴趣，为了迎合大众口味，鲁格公司推出了鲁格单六转轮枪。鲁格单六型是一种单动转轮枪，上面没有安全保险装置。与那些西部经典转轮枪相同，使用者携带时需要让转轮上的一个弹膛空着。

鲁格黑鹰手枪没有安装击发传动杆，但到 20 世纪 70 年代初，公司又推出新版本的黑鹰手枪，上面安装了击发传动杆，公司还为那些此前售出的型号提供免费翻新服务。与此同时，鲁格公司还推出一款使用 11.2 毫米口径马格南子弹的型号，并将其命名为超级黑鹰。公司对新型号进行了适当改进，使其可以更好地发射 11.2 毫米口径马格南子弹。此外，枪管上面还可

鲁格黑鹰转轮枪

原产国	美国
时间	1955 年
口径	9.1 毫米
重量	1.36 千克
全长	314 毫米
装弹	6 发转轮
射程	50 米

以安装一个望远镜瞄准具。鲁格希望利用这把手枪来吸引那些西部影片爱好者。公司还进一步对其进行升级改造，并推出了牧牛人手枪，希望吸引那些西部牛仔。牧牛人手枪比黑鹰手枪更加传统，更能让人回想起狂野的西部时代。

子弹的推进和装填

一些制造商不断制造"复古"武器来吸引那些细分市场用户，还有一些制造商则不断研制新型子弹，希望继续发掘传统武器的潜力。但是，子弹、弹壳、火药和火帽的设计已经存在了很多年，并且非常成熟，这些都不可能改变。

所有常规枪支都利用高温高压气体作为推进动力。火药在燃烧时会产生大量高温气体，这些高温气体被困在枪膛内，压力会急剧增加，气体会寻找逃逸的方式。由于枪膛内一侧是坚固的金属壁，气体逃离的唯一方式是推动弹丸沿枪管向前运动，弹丸加速向前运动时滑套会反向运动。当弹丸离开枪管后，气体会从枪口跑出，不再产生推动力。枪管越长，意味着枪口速度更快。弹丸离开枪口后，由于空气摩擦作用，便会立即开始减速。

▼ 由于反冲轴（与枪管和枪膛成一直线）位于受用者手部的上方，转轮枪的枪口很容易上翘。短枪管转轮枪的重心更靠后，枪口上翘的趋势会更明显。

回转手枪

回转手枪是美国一个武器研发项目的一部分，该项目旨在研制一种不是发射惰性子弹，而是发射小型火箭子弹的小型武器。发射出去后，火箭子弹继续推进加速，依靠子弹本身的旋转来保持飞行稳定，因此这种火箭子弹的射速更快，射程更远。由于火箭子弹是单块式的，因此就不需要退弹系统来排出弹壳。由于枪膛内不会产生高压，因此就不需要很厚的枪膛壁，这样可以显著减轻手枪的重量。从理论上看，这种轻便简单的回转手枪似乎前途一片光明。但在实践中，它达不到人们的预期，火箭子弹的枪口速度远远低于普通子弹，射击近距离目标时威力很有限。当速度升起来后，弹道性能要好很多，但精准度会迅速下降。最终的结果是常规手枪性能更优。

回转手枪的一个特点是装弹方式，子弹通过顶部的装弹口被填装进内置弹匣中。这种装弹方式在很多年前就已经消失了，并且其装弹速度要远远落后于传统手枪。回转步枪也具有相同的缺点。因此，整个回转武器系统并不成功。

回转手枪使用一种古老的顶部装弹系统，大卫·达迪克发明的概念版手枪则正好相反，使用了底部装弹系统。达迪克概念版是一种开放框架转轮枪，其转轮会旋转到一个装弹点。接着转轮继续旋转，直到进入发射位置。转轮既负责输送继续将

回转手枪	
原产国	美国
时间	1965 年
口径	12.95 毫米
重量	0.4 千克
全长	276 毫米
装弹	6 发内置弹匣
射程	50 米

子弹输送到发射位置，还充当着发射枪膛，这样就创造出一把弹匣供弹的转轮枪。

达迪克概念版手枪有一个优点，不需要改变转轮和装弹装置，只要更换枪管，就能发射不同口径的子弹。尽管这个概念非常新颖，但这种手枪并没有流行开来。

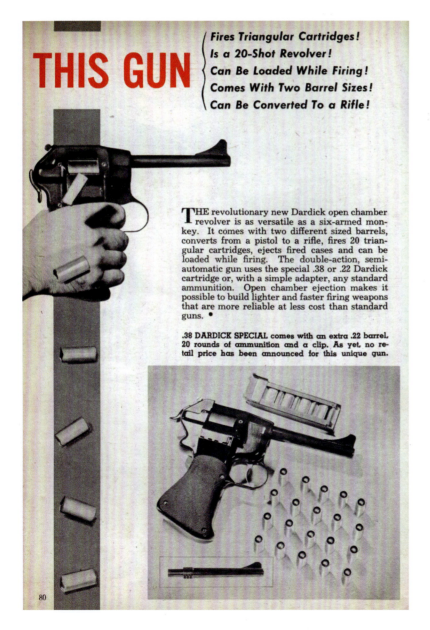

THIS GUN
{
Fires Triangular Cartridges!
Is a 20-Shot Revolver!
Can Be Loaded While Firing!
Comes With Two Barrel Sizes!
Can Be Converted To a Rifle!
}

THE revolutionary new Dardick open chamber revolver is as versatile as a six-armed monkey. It comes with two different sized barrels, converts from a pistol to a rifle, fires 20 triangular cartridges, ejects fired cases and can be loaded while firing. The double-action, semi-automatic gun uses the special .38 or .22 Dardick cartridge or, with a simple adapter, any standard ammunition. Open chamber ejection makes it possible to build lighter and faster firing weapons that are more reliable at less cost than standard guns. •

.38 DARDICK SPECIAL comes with an extra .22 barrel, 20 rounds of ammunition and a clip. As yet, no retail price has been announced for this unique gun.

◀ 达迪克概念版是一种非常新颖、实用的手枪，但它没有任何吸引市场的地方。此前从未出现过类似的武器，以后应该也不会出现。

▲ 将手枪最佳精准度发挥出来的一种方式是采用一种特有的姿势，即双脚牢牢贴着地面，双手同时握紧握把，并由膝盖支撑胳膊肘。

第六章
冷战时期和现代的手枪

我们今天使用的很多武器都能在冷战时期或第二次世界大战后找到其源头。到 20 世纪 60 年代末（冷战的高潮时期），手枪设计在外观和机械方面已经非常成熟，但是仍然存在一些试验和改进的空间。

新材料——特别是塑料、合金和聚合物的应用变为可能，很快就被纳入武器设计中。因此，有人就担忧"塑料手枪"的安全性，因为它们可能会逃过机场安检的金属探测器。即使这些塑料手枪足够坚固，能够承受枪膛内产生的巨大压力，但没

瓦尔特 P99 手枪

原产国	德国
时间	1996 年
口径	10.16 毫米或 9 毫米
重量	0.65 或 0.63 千克
全长	184 毫米 或 180 毫米
装弹	12 发或 15 发弹匣
射程	60 米

有人成功研制出一把完全非金属的手枪。在新一代手枪中，塑料主要用在外表面和握把，其内部仍然是传统的钢制枪管和机械部件。新型材料兼顾强度、轻便性以及抗腐蚀性，但它们并不像好莱坞电影中那样可以逃过探测器的检测。

武器设计并不是简单地使用一种新技术、安装一个新装置的问题。手枪上新增加的弹簧、按钮或开关都是潜在的故障点，或者容易让使用者操作失误。当一种功能和装置被证明完全可靠和有效时才会被添加进去。这也是那些简单的转轮枪在今天仍然很受欢迎的原因。很多人都想要一把最简单的手枪，他们

▼ 转轮枪结构简单，性能可靠，而且价格便宜。直到今天，它们仍然很受欢迎。

拿起来就能射击，不需要操作开关、按钮、瞄准具或激光瞄准装置。那些经过长时间训练的人也许会觉得那些较为复杂的武器能够更好地满足自己的要求，但很多顶级使用者都认为简单才是最重要的。

各个手枪市场所要求的特点各不相同。大规模装备的军用手枪的特点是简单、耐用且廉价；射击运动员要求的是精准度；业余爱好者需要的是舒适性和廉价；猎人需要的是射程、精准度和威力（他们往往需要远距离射击，并且猎物往往是那些凶猛的野兽）。所有这些因素都需要考虑在手枪设计中。对于精英部队和执法人员来说，他们的手枪可以量身定做，使用者最关心的是质量和性能，价格其次。另一方面，制造商也在尝试说服普通使用者额外支付 30% 的费用来获得一把特殊的手枪，但很多功能往往是摆设，可能永远都用不到。

品牌信誉

有些制造商凭借良好的声誉和畅销的品牌在竞争中占有优势。但是这种优势并不大，使用者会判断它们能否满足需求，进而决定这种武器是否值得购买。对于收藏者来说，情况就比较复杂。有些武器仅仅是因为很稀有或某些名人用过，就变得很昂贵。时尚的改变，在电影或电子游戏中出现，都能抬高那些以前很不起眼的武器的价格。

在用户市场上，关于使用者要购买什么样的武器，以及花多少钱来购买是有规律可循的。对收藏者来说，唯一的硬性规定是这种武器到底有多少价值。不管武器买来是用于射击还是放在橱柜中展示，只要是主人感觉合适，它就值那个价钱。

升级的经典枪型

对于一些枪械爱好者来说，当他们在电影、电视或现实中看到一种武器，他们往往就能说出它的设计、制造、型号、口径和变体等详细信息。有些人可能会只需要看一眼，就能辨别出手枪，并确信自己是正确的，但事实上他的判断是错的。造成这种情况的原因各不相同，有时是自欺欺人，有时是一有机会就提供非常准确的信息来炫耀自己知识渊博，有时只是一种缺乏知识的表现。如果观察者唯一了解的 11.43 毫米口径半自动手枪是柯尔特 M1911A1 型，那么他会将任何看起来比较模糊的手枪判断为柯尔特 M1911A1 型。

根据作者的经验，这可能会给那些不知情的路人留下深刻印象，但如果那些路人很了解，便会将讲解者看作是一个装腔作势的人。你肯定会对这样的人感到厌烦，尤其是那些只懂皮毛的人，从远处看到一把像 M1911 型手枪的武器，便开始夸夸其谈，介绍它的设计、制造、型号、口径和变体等详细信息，并坚信自己是正确的。事实上，大部分半自动手枪在外观上的信息都很详细，有些甚至需要查看型号编码才能将其分辨开来。我们需要谦虚，直到确切知道它是什么型号，它是如何改装的，才能向别人介绍。当然，还有一些手枪本来都很与众不同，只看一眼就能辨认出来。很多这样的武器都有不同寻常的设计，它可能是一个武器家族（随着时间的推移，外观基本不变）的一部分。

柯尔特 M1911 型是非常经典的战斗口径半自动手枪。第二次世界大战结束后最初的几年，美国军方决定为军官采购一种轻型手枪型号。很多制造商都推出了自己的产品，柯尔特提供的是一款 M1911 型的 9 毫米 × 19 毫米改进型。9 毫米是当时美国军方指定的口径，但柯尔特公司还向开放市场推出了一款使用 11.43 毫米 ACP 子弹的型号。最终，这种武器被美国军方选中，并将其命名为柯尔特指挥官手枪。柯尔特指挥官手枪是柯尔特公司的第一种 9 毫米口径武器。1970 年柯尔特公司推出了一种轻便的铝合金框架型号，并将其命名为轻型指挥官手枪，柯尔特公司很快又推出了一种钢制框架的新型号，并将其命名为战斗指挥官手枪。指挥官手枪直到今天仍然在继续生产，今天的指挥官手枪除了运用传统的机械机理和整体感觉，还融合了现代化的合金材料和人体工程学特点。

瓦尔特的独特设计

　　很多半自动手枪如果不仔细检查，看起来基本都一样。但是也有一些很容易辨别。瓦尔特 P38 手枪问世于第二次世界大战爆发前夕，它在第二次世界大战期间表现非常出色，深受使用者的欢迎。当时，与 P38 手枪外观相似的手枪几乎没有，这也让 P38 手枪成为市场上最具特色的手枪之一。事实上，作为一把与众不同的高质量手枪，它为那些想要非主流的用户提供了很好的选择。德国战败后，瓦尔特 P38 手枪的生产被迫中止。第二次世界大战期间，瓦尔特 P38 手枪的主要工厂都位于德国东部，第二次世界大战结束后苏联控制了民主德国，并且将自己的标准应用在民主德国的武器装备上，以扩大自己的影响力。因此在民主德国，瓦尔特手枪的生产一直没有恢复；而在联邦德国，瓦尔特公

▲ 对于近距离作战，尤其是需要开门时，手枪往往是最好的选择。图中士兵使用的手枪就衍生自 M1911 型半自动手枪。

▲ 瓦尔特 P38 手枪不仅启发出很多战后衍生型号，而且它也成功地让美国认识到一把双动半自动手枪是可行的，还能十分理想。

司需要一个新的工厂，并且直到 1957 年才恢复生产。

第二次世界大战后的瓦尔特 P38 手枪被重新命名为 P1 型，并成为联邦德国警察和军队的官方服役手枪。本质上讲 P1 手枪和 P38 手枪基本相同，但 P1 手枪采用了轻便的铝制部件，因此重量更轻。P4 手枪是 P1 手枪的短枪管型号，它更适于隐藏携带，因此很适合一些特别部门。另一种独特的半自动手枪是瓦尔特 P5，它的外观很像此前的 PP 和 PPK 手枪，但上面添加了很多安全装置，以满足德国警察极高的安全性要求。

第二次世界大战后的手枪深受之前德国手枪设计的影响，第二次世界大战后美国决定采购一种新型的双动半自动手枪。

为此，史密斯＆维森公司决定根据瓦尔特 P38 手枪研制 M39 型，并提供给美国军方进行测试。尽管没有被美国军方大规模采购，但 M39 型还是给美国警察部门留下了深刻的印象，并应用到很多警察部门。这也让 M39 型成为世界上首批被警察广泛使用的半自动手枪之一，并且这也为后来弹匣容量更大的 M59 型铺平道路。在此期间，美国军方也采购了一部分，使用者主要是那些部署到越南的特种部队。标准的 M39 型还有一种改进型——MK22 型。MK22 型很特别，它装有一个空仓挂机和凸起的瞄准器，当安装消声器时更容易瞄准。当武器发射时，空仓挂机能阻止循环动作，可以将它变成一把声音很小的单发武器。

MK22 型手枪主要用来清除看门守卫而不被发现，因此它又得到了"安静看门狗"的绰号。今天，专门为美国特种部队研发的 MK23 型也是类似用途，MK23 型使用 11.43 毫米 ACP 子弹，它还带有一个可快速拆卸和安装的消声器，很适合特种部队使用。

除了配有消声器的型号外，M39 型还有一种定制版授权，即 ASP 手枪。ASP 手枪是一种可以隐藏携带的手枪，能在衣服下产生最小的凸起，在需要时可快速部署。它的弹匣上有透明

史密斯 & 维森 39 型巴吉度手枪

原产国	美国
时间	1967 年
口径	9 毫米帕拉贝鲁姆
重量	0.96 千克
全长	323 毫米
装弹	8 发弹匣
射程	30 米

MK23 型手枪

原产国	美国
时间	1996 年
口径	11.43 毫米
重量	1.1 千克
全长	245 毫米
装弹	12 发弹匣
射程	25 米

的聚氨酯壁，让使用者可以清楚地看到剩余的子弹。ASP 子弹的扳机护圈形状很特别，可以让食指放在那里休息。如今，这种护圈形状很常见，在当时却非常新颖。与此同时，公司还根据 M39 型推出了其他几种衍生型号。M59 型具有更大的弹匣容量，它引起了几个军方买家的兴趣，但最终并没有被大量装备。但是它在民有市场上取得了巨大的成功。我们从 M59 型的名字可以看出，它属于史密斯 & 维森公司的第一代半自动手枪之一。随后，公司推出了第二代——M459 型（第二代用 3 个数字表示）。目前，公司已经推出用 4 个数字表示的第四代型号。

很多经典的武器家族，包括很多衍生型号和新型号，在外观方面都大同小异。勃朗宁的 HP 家族第一眼看上去很难区分。早期的勃朗宁手枪外观上都很像柯尔特 M1911 型，并且很多手枪都有这些经典型号的影子。现代型号在外观方面有些改变，但很多方面仍然保留了原来的血统。勃朗宁在 1924 年设计的原型所建立的基本机理和特征，在 20 世纪 50 年代的手枪（例如英国军队的 19A1 型和其衍生型号）中基本相同。20 世纪 80 年代，现代型号出现了一些更符合人体工程学的变化，性能更出色。

史密斯 & 维森 M459 型手枪

原产国	美国
时间	1980 年
口径	9 毫米
重量	0.73 千克
全长	175 毫米
装弹	14 发弹匣
射程	40 米

FN GP 原型手枪

原产国	比利时 / 美国
时间	1924 年
口径	9 毫米
重量	1 千克
全长	197 毫米
装弹	13 发弹匣
射程	40 米

　　勃朗宁 DA 手枪用一根待击杆取代了先前武器上的手动保险器，让击锤可以在枪膛装载的情况下落下。第一发子弹是双动发射的，后续的子弹还是以传统的半自动方式发射。使用者可以将弹匣降下一半来保证安全性，这与发射后拉回安全保险的方式类似。勃朗宁 BDM 手枪的双触发扳机，能进一步提高武器的安全性。BDA 手枪也有类似的双触发扳机，使用者可以用螺钉旋具将其调整成双动射击模式。

勃朗宁双动手枪

原产国	美国
时间	1983 年
口径	9 毫米
重量	0.99 千克
全长	200 毫米
装弹	14 发弹匣
射程	50 米

SIG-萨奥尔 P220 手枪

原产国	瑞士 / 联邦德国
时间	1975 年
口径	9 毫米
重量	0.8 千克
全长	198 毫米
装弹	7 发或 9 发或 10 发弹匣
射程	30 米

SIG-萨奥尔手枪

SIG-萨奥尔的进化发展过程也基本相同。SIG210 手枪尽管价格昂贵，但它是一把非常有效的军用和警用武器，并深受使用者的喜爱。为了绕过瑞士法律的出口限制，SIG 与萨奥尔成立了一家合资公司来生产 SIG-萨奥尔手枪。SIG-萨奥尔 P220 手枪有一个厚实且稳重的外观，从上面能找到很多新颖的特点。SIG-萨奥尔 P220 手枪比 SIG210 手枪更便宜，主要面向普通用户市场，市场上还有很多不同口径的型号，包括 9 毫米和 11.43 毫米。

公司还生产了很多 P220 手枪的衍生型号，以满足不同客户

▼ 美国海岸警卫队正在进行手枪训练。SIG-萨奥尔手枪是一种很受欢迎的军事和执法部门副武器，各种口径都有良好的精准度和可靠性。

SIG-萨奥尔 P225 手枪	
原产国	瑞士/联邦德国
时间	1978 年
口径	9 毫米
重量	0.74 千克
全长	180 毫米
装弹	8 发弹匣
射程	40 米

的需求。P225 手枪用于执法部门，因此上面加装了额外的安全装置以满足相关法规；P226 手枪用于军事部门，它在美国军用手枪测试中很有竞争力。尽管 P226 手枪并没有获得军方的大规模订单，但它已经成为全世界特种部队和经营部门非常受欢迎的选择。P245 手枪还有一些特殊用户，因为很多使用者（尤其是美国）都不会选择使用 11.43 毫米口径以外的手枪。此外，还有一种紧凑型，它是很受欢迎的可隐藏携带的近距离大威力手枪。

SIG-萨奥尔 P230 手枪效仿了瓦尔特 PPK 手枪，其作用也类似，都是便于隐藏的小口径手枪。SIG-萨奥尔 P230 手枪没有安装手动保险，目的是让外部凸起最小化。简而言之，这意味着 P230 只能在扣动扳机时发射。对于很多使用者来说，这是一

SIG-萨奥尔 P230 手枪	
原产国	瑞士/联邦德国
时间	1977 年
口径	8.1 毫米 或 9.65 毫米或 9 毫米
重量	0.5 千克
全长	168 毫米
装弹	7 发或 8 发弹匣
射程	30 米

个完全可以接受的安全等级，但还有一些人更喜欢手动保险器（即使扣动扳机也不会发射）。P220 和 P230 手枪都衍生出了一系列特别型号，每种型号的外观基本相同，只是名字上的最后一个数字不同。例如，P229 使用 10.16 毫米口径史密斯 & 维森子弹；而 P228 则使用 9 毫米 × 19 毫米子弹，但乍一看两者的口径差别并不明显。P232 手枪的结构使用全新的材料，但其他方面基本没有变化。

创新型手枪

黑克勒 - 科赫（HK）是一家制造高质量步枪和冲锋枪的公司，最近几十年它也推出了一些新型的手枪设计。HK 公司推出的第一把手枪就非常独特，它更像是四种手枪的组合套件。HK4 手枪用了一个铝制框架和钢制滑套，它可以搭配不同的枪管，发射四种不同的小口径子弹。为了满足德国对安全性的严格要求，HK4 手枪还安装了一个保险装置，该装置能够让撞针偏离击锤所在的直线，除非扣动扳机，掉落或撞击时它不可能出现意外走火。

HK 公司继续推出新型的手枪设计，并在 1970 年创造出世

HK P7 手枪	
原产国	联邦德国
时间	1976 年
口径	9 毫米
重量	0.8 千克
全长	171 毫米
装弹	13 发弹匣
射程	40 米

界上第一种聚合
材料框架手枪——
VP-70 手枪。VP-70 手枪可以进行半自动
或点射设计，并配有一个可拆卸枪托。与
此同时，HK 公司还推出了外观上很相似但
更传统的 P9 手枪。P9 手枪后来又衍生出两
种型号——单动 P9 和双动 P9S。HK 公司最
独特的手枪是 P7 手枪，P7 手枪使用了非常独特的下沉机锤机
构。当用手抓紧握把准备射击时，握把内的一根杠杆会竖起击
锤。当握把松开时，手枪会自动锁住击锤，以保证安全。因此
当手枪掉落或受到碰撞时，不会出现意外走火。

　　20 世纪 80 年代末，HK 公司开始研制全新一代手枪，最
终"万能"手枪 USP 问世，USP 手枪有多种配置方式，可以满
足不同用户的需求。起初，USP 手枪使用 10.16 毫米口径史密
斯 & 维森子弹，但公司也推出了 9 毫米和 11.43 毫米型号。当
口径确定后，还有 9 种不同的变体，每一种都是不同保险装置
和扳机机构的组合。很多 USP 的衍生型号都有自己的品牌名称，
或者进行轻微的改装后成为满足个性化要求的手枪。德国军队
使用的 P8 手枪本质上就是一把 USP 手枪，只是为了满足特殊
的技术规范要求进行了改装。衍生型号主要通过编号来辨别，
但有时它们也有代表用途的名字，例如"战术"或"运动"等。
此外，HK 公司还推出了用于射击比赛的 USP 型号。

　　HK 公司还为警察和安保市场推出了 P30 手枪。与很多现代
半自动手枪相同，它也允许左右手交换使用，手枪两侧都装有
滑套和弹匣释放器，公司还提供了不同口径型号。P30 手枪上装
有一个导轨，允许使用者安装战术瞄准具等辅助配件。武器配

HK USP 手枪	
原产国	德国
时间	1990 年
口径	11.43/10.16/9 毫米
重量	0.748 千克
全长	219 毫米
装弹	8 ～ 15 发弹夹，根据口径和配置而变
射程	30 米

▲ 格洛克 17 手枪已经成为很多国家的标准副武器。它的大容量弹匣在当时是个非常显著的特点，但现在受到很多其他武器的挑战。

件方面并没有什么创新，但最近几年军事部门着手开始使用标准化的导轨，这种做法正在逐步应用到非军事领域。

格洛克手枪的特点

格洛克公司生产了一些在执法市场中使用最广泛的手枪，凭借出色的表现，格洛克已经成为一个家喻户晓的名字。然而，格洛克公司在 1980 年才开始制造枪支，从新手到行业标准制定者的转变在很大程度上是源于创新。与其他公司相同，格洛克公司也使用数字来命名自己的产品。格洛克公司的第一把手枪是格洛克 17，数字 17 正是其弹匣内子弹的数量。通过利用相对较宽的双排弹匣，格洛克的弹匣可以容纳 17 发子弹，这让它可

以产生比很多现存手枪高一倍的战斗力。

　　格洛克 17 有时也被一些人称为"格洛克 9"，以指代其口径为 9 毫米。格洛克 17 并不是第一种使用聚合材料框架的手枪，但它是第一种取得商业成功的聚合材料框架手枪。设计者还受到一些 20 世纪 80 年代的惠氏黑火药步枪的启发，在手枪上引入了多边形膛线系统。奥地利军方很快就开始装备格洛克 17，其他军事和执法部门紧跟其后。这样的举动引起了一些反对声音，有些警察对以前的转轮枪很有感情，他们认为如果 6 发子弹都不能解决问题，那么 17 发子弹肯定也无法解决。

　　设计者认为，如果遇到掉落、猛撞或一般的处理不当的情况时，手枪必须保持安全。扳机保险能防止武器走火，除非扳机被正确击发；掉落保险能保证扳机只受到合适压力时才击发。第三保险器能够从物理上阻隔撞针与满载弹膛的接触，直到扳机动作解锁保险器。因此，格洛克系列手枪完全可以防止大部分意外，当然人为错误无法避免。格洛克系列手枪没有外部手动保险，因此人们有时会认为，当使用者将手枪放入皮套时，会不经

格洛克 17 手枪	
原产国	奥地利
时间	1982 年
口径	9 毫米
重量	0.65 千克
全长	188 毫米
装弹	17 发弹匣
射程	30 米

格洛克 18 手枪	
原产国	奥地利
时间	1986 年
口径	9 毫米
重量	0.75 千克
全长	210 毫米
装弹	17 发弹匣
射程	50 米

格洛克 19 手枪

原产国	奥地利
时间	1988 年
口径	9 毫米
重量	0.6 千克
全长	174 毫米
装弹	15 发弹匣
射程	50 米

意间拉动扳机，这会引起意外走火击中使用者的大腿。这完全是人为错误而不是武器的错误，基本上任何一把双动手枪都有类似的问题，当然大部分转轮枪也存在。

最初，格洛克手枪使用 9 毫米口径子弹，后来公司推出了很多衍生型号以满足军事、执法和隐藏携带等不同的需求。格洛克 18 是一种全自动突击手枪，它能使用标准的 17 发弹匣或一个增大的 33 发弹匣。格洛克 19 是紧凑型号，以满足隐藏携带的要求，但它只能容纳 15 发子弹。口袋手枪（钱包手枪）的市场一直非常坚挺，为此格洛克公司推出了格洛克 26，设计者专门进行了重新设计，将复杂的机械装置装进同一个尺寸框架中。

尽管格洛克手枪是以 9 毫米口径为开端，但很快就出现了很多其他口径的型号，其中就包括比较传统的 11.43 毫米口径

格洛克 20 手枪

原产国	奥地利
时间	1990 年
口径	9 毫米
重量	0.79 千克
全长	193 毫米
装弹	15 发弹匣
射程	50 米

格洛克 26 手枪	
原产国	奥地利
时间	1995 年
口径	9 毫米
重量	0.6 千克
全长	193 毫米
装弹	15 发弹匣
射程	50 米

（ACP 子弹）和 10.16 毫米口径（史密斯 & 维森子弹）。此外，小口径紧凑型手枪的市场一直都非常坚挺，格洛克公司还推出一种仿真手枪，它使用训练子弹允许使用者进行实战训练。

　　20 世纪 90 年代早期，斯太尔公司推出了一种小型冲锋枪，并将其命名为 TMP（Tactical Machine Pistol 的缩写，意思是战术自动手枪）。当时，个人防御武器概念变得越来越流行，全世界的军事部门都想要一把体积小、威力大的武器，提供给那些无法携带步枪和冲锋枪的人员。后来，设计者对 TMP 进行了改装，将前握把换成了一个附件导轨，使其变成一种半自动武器，并将其命名为 SPP（Special Purpose Pistol 的缩写，意思是特殊用途手枪）。SPP 作为一把大尺寸半自动武器，它的大部分部件都能与 TMP 共享。尽管 SPP 的尺寸比普通手枪大得多，但它能实现普通手枪无法实现的强大火力。

斯太尔 SPP 手枪	
原产国	奥地利
时间	1994 年
口径	9 毫米
重量	1.3 千克
全长	322 毫米
装弹	15 发或 30 发弹匣
射程	100 米

▲ 由于 TEC-9 经常与罪犯（将其改装成全自动武器）联系在一起，因此它在美国的名声并不好。在早期的美国攻击性武器禁令中，它属于明令禁止的一种武器。

另一种由冲锋枪演变来的手枪是瑞典的 9 毫米口径 TEC-9 手枪。起初，TEC-9 手枪面向的是军用轻型自动武器市场，但并没有成功，接着设计者将它改装成一把半自动武器，并作为手枪出售。但是，由于它很容易就能被改装回全自动模式，因此经常与犯罪活动联系在一起。由于 TEC-9 被美国攻击性武器禁令所禁止，因此设计者试图研制一种难以改装的武器，结果就是 AB-10（10 代表弹匣容量）。随后美国攻击性武器禁令被废止，但对于某些民用市场 TEC-9 及其衍生型号仍然是非法的，因为它们有很多军用武器的特征，例如弹匣容量和枪管包围都很大，弹匣安装位置在扳机的前部等。

卡利科 M950 型手枪使用了一种非常新颖的系统，该系统可以让它变成一支轻型步枪。卡利科 M950 型手枪使用 9 毫米 × 19 毫米子弹，弹匣容量为 50 发或 100 发。卡利科 M950 型手枪的弹匣容量远超其他手枪，这让它变得很笨重。卡利科公司还

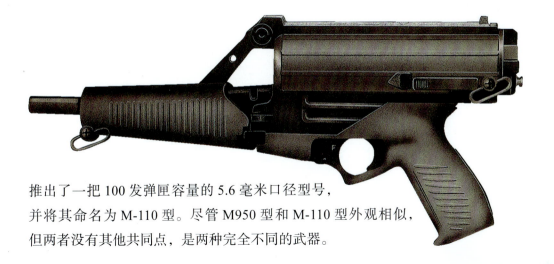

推出了一把 100 发弹匣容量的 5.6 毫米口径型号，并将其命名为 M-110 型。尽管 M950 型和 M-110 型外观相似，但两者没有其他共同点，是两种完全不同的武器。

欧洲的作战手枪

有些武器是专门为军方设计的，也有一些武器被军方选中，仅仅是因为军方需要它们，法国的 MAB PA-15 手枪就属于后者。由于此前 M1950 型手枪即将停产，因此法国军方将 MAB PA-15 手枪作为一种过渡型号来使用。海军陆战队和宪兵队是使用 PA-15 手枪的主要部门，他们都认为它的表现很出色。但是对于特殊部门，法国军方选择了一种转轮枪——Manhurin MR73 型。MR73 型转轮枪使用 9.1 毫米口径马格南子弹，使用它们的主要是警察部门，例如人质解救和反恐部门。MR73 型转轮枪的性能非常出色，其性能远超普通警察的需要，很适合精英部门在紧急情况下使用。MR73 型转轮枪的一个的特点是，更换转轮后它能发射 9 毫米 × 19 毫米子弹。

制造 Manhurin 转轮枪的公司最初只是从事机械制造业务，但第二次世界大战后开始进入枪支生产领域，并在授权下生产瓦尔特 P38 手枪。所有转轮枪在出厂前都会经过严格的测试，主要测试精准度和发射大威力子弹的能力。这保证了它们完全能够应对 9.1 毫米马格南子弹产生的巨大冲击力，满足那些精英部队的要求。

直到 20 世纪 70 年代，奥地利军方仍然使用老式的 P38 和勃朗宁 GP-35 手枪，并且当时更新换代迫在眉睫。奥地利军方

卡利科 M950 型手枪	
原产国	美国
时间	1990 年
口径	9 毫米
重量	1 千克
全长	365 毫米
装弹	50 发或 100 发弹匣
射程	60 米

斯太尔 GB 手枪

原产国	奥地利
时间	1981 年
口径	9 毫米
重量	0.854 千克
全长	216 毫米
装弹	18 发弹匣
射程	40 米

急需一种新型手枪，为此斯太尔公司推出斯太尔 GB 手枪。斯太尔 GB 手枪利用枪管中的推进气体来减缓滑套后滑动作，让子弹壳更慢地离开枪膛。斯太尔 GB 的特点是装有一个带有降下击锤控制杆的双动扳机，以保证其精准度。公司本以为它能取得商业上的成功，但生不逢时的它没能达到预期。斯太尔 GB 在美国军用手枪测试中以失败而告终，格洛克 17 的出现也让它失去了美国军方市场。结果，格洛克手枪开始在奥地利军方服役，而斯太尔 GB 只能实现有限的私人销售，未能获得期望的大规模订单。

在美国军用手枪测试中击败斯太尔 GB 的是贝雷塔 92 手枪，它是贝雷塔公司专门为军用市场推出的一款现代手枪。贝雷塔公司曾经在第一次世界大战期间凭借精良的手枪设计赢得很高的声誉，但随后在 20 世纪 40 年代逐渐没落。贝雷塔公司凭借贝雷塔 92 手枪的出色表现再一次回归到主流武器制造商的行列中。

贝雷塔 M1951 型最初问世的时候存在很多缺点，尤其是缺乏舒适性和精准度。公司在 1957 年推出了一款重新设计的型号，设计者将实验性的合金材料换成已经非常成熟的钢制材料，进入 20 世纪 80 年代后公司又对其进行了升级改造。新的衍生型号不断出现，其中包括 81 系列，它有从 5.6 毫米口径到 9.65 毫米口径等型号。这些手枪在紧凑型手枪市场中非常受欢迎，这也帮助贝雷塔公司再现以前的辉煌。

在贝雷塔公司研制新型手枪的同时，M1951 型也在不断发展，并最终发展成了新型的 9 毫米口径半自动手枪——贝雷塔

92 手枪。具有讽刺意味的是，新型手枪采用独特的轻型合金套筒座，此概念曾出现在 M1951 型的设计中，但最终并没有被采用。先进的技术让轻型材料的使用成为可能，减轻的重量可以换成弹药容量。随后，公司继续对 92 手枪进行升级，并推出了面向执法市场的 92S 型和面向军用市场的 92SB 型。其中，92SB 型还跨越大西洋参加了美国军用手枪测试（美国旨在寻求一把高性能手枪替换老旧但经典的 M1911A1 型），最终 92SB 型赢得了测试，并开始在美军中服役，美军将其命名为 M9 型。

　　贝雷塔 92 型手枪的演变一直都没有停下来，公司根据它研制出了一种突击手枪——贝雷塔 93R 型。字母"R"代表"Raffica"，意思是"连射"，表示 93R 型可以高速连发射击。为了辅助控制，使用者可以安装一个折叠握把和一个线型枪托。贝雷塔 93R 可以使用标准的 92 型 15 发弹匣，或一个 20 发容量的加长弹匣。但是业界对连发手枪的有效性一直存在争议。从理论上讲，如果发射速度很快，连发时武器基本不会偏离目标很多，熟练的使用者能够在非常短的时间内创造出猛烈的火力。

　　像贝雷塔 93R 型这样的连发手枪对某些人来很有帮助，例如飞行员、狙击手或重要人物的保镖等，他们不能携带很重的武器，但有时也需要重型火力。有些人认为连发是一种很有用的功能，还有一些人认为连发只是营销噱头，贝雷塔公司的另一个产品是 M96 型，它并没有依靠增加子弹数量，而是依靠增大子弹威力来增强武器的火力。贝雷塔 M96 型面向的是执法市场，它使用越来越流行的 10.16 毫米口径 S&W 子弹。这种子弹

贝雷塔 92 手枪	
原产国	意大利
时间	1976 年
口径	9 毫米
重量	0.97 千克
全长	211 毫米
装弹	15 发弹匣
射程	50 米

本质上与9毫米口径子弹属于同一级别，但人们普遍认为它有更好的止动能力和弹道性能，并且不会产生过大的后坐力。

捷克斯洛伐克的手枪

第二次世界大战结束后，捷克斯洛伐克就投靠了苏联阵营，这导致捷克在冷战期间的武器都有很明显的苏联色彩。捷克 CZ52 手枪在外观上与苏联的马卡洛夫手枪很相似，起初设计者想要使用9毫米×19毫米子弹，但受到苏联的影响，设计者进行重新设计让它可以使用苏联标准的 7.62 毫米×25毫米子弹。现在，使用者只要找到一个9毫米口径枪管就可以将它改装回去。CZ52 手枪的显著特点是后坐感非常强烈，这主要是发射轴心很高（这是早期半自动手枪的特点）造成的。将9毫米型号重新设计成 7.62 毫米型号，包括将双动模式改装回原来的单动模式，让枪管变得很高没有必要。但是，高位枪管仍然被保留下来，而且后坐力轴线高出使用者的手部，这样手枪在发射时会更趋于抬高枪口。

CZ52 手枪一直在捷克军队中服役到 20 世纪 80 年代初，取代它的是 CZ82 手枪。CZ82 手枪在设计时就决定采用9毫米×18毫米子弹，这一选择再一次受到苏联的影响，因为当时苏联已经决定将标准手枪子弹换成9毫米马卡洛夫子弹。苏联也

PSM手枪（军用版）	
原产国	苏联
时间	1973 年
口径	5.45 毫米
重量	0.46 千克
全长	160 毫米
装弹	8 发弹匣
射程	40 米

向捷克军队提供了马卡洛夫手枪，但捷克还是决定采用自己研制的CZ82手枪。尽管CZ82手枪的制造成本比马卡洛夫手枪高，但是它的性能更好且弹匣容量更大。为了降低生产成本，捷克还推出一种精简版CZ82，并将其命名为CZ83，CZ82和CZ83手枪以坚固的结构著称，但代价是让手枪变得比较重。CZ83手枪本质上可以算是CZ82的出口型号，它可以选择使用9毫米马卡洛夫子弹、9毫米×17毫米勃朗宁和7.62毫米×17毫米勃朗宁子弹。CZ82和CZ83手枪都是双动模式，上面都装有双侧保险器，以方便左右手交换使用。

捷克还在20世纪70年代中期推出一款具有西方风格的CZ75手枪，它使用9毫米×19毫米子弹。CZ75手枪的设计参照了勃朗宁手枪，目的是希望吸引海外的用户。CZ75手枪的确在海外销售得很好，并在授权下被广泛复制。很多手枪都是以CZ75手枪为基础设计的，例如以色列的杰里科941式和中国的NZ-75型。意大利坦弗格里奥公司推出的T95型手枪也是衍生自CZ75型，T95型分为战斗型和紧凑型，可以选择安装各种附件配置。后来，T95型手枪在欧洲和美国市场取得了很大的销量。

包括美国在内的很多国家的警察部门都选用CZ75手枪，并且很多人都认为它是最好的警用手枪之一。当然，它也有很多衍生型号，其中包括捷克警察使用的紧凑型CZ75B和CZ75P-01型。CZ75还有一种全自动型号，它的特别之处是可以在扳机护圈前部安装一个备用弹匣，该备用弹匣可以用作前握把。有些早期的全自动型号还装有一个补偿器，这样能让部分推进气体从上面出去，抵消枪口上跳的趋势。CZ85是CZ75

CZ75 手枪	
原产国	捷克斯洛伐克
时间	1976 年
口径	9 毫米
重量	0.98 千克
全长	203 毫米
装弹	15 发弹匣
射程	40 米

▲ 早期很多人都认为便宜没好货，但这种情况从 20 世纪中期开始就逐渐改变。很多新技术让手枪的生产同时兼顾质量、成本和规模。

的升级型号，两者在很多方面基本相同，主要区别是 CZ85 采用了双侧保险器，手枪的发展更加人性化。

CZ75 和 CZ85 手枪的生产地点是捷克的日布罗约夫卡兵工厂，生产 CZ99 的则是塞尔维亚的科尔纳红旗兵工厂。与 SIG-萨奥尔 P226 类似，CZ99 也是瞄准高质量但低价格的作战手枪市场，很多国家都获得授权生产自己的产品。与当时很多手枪类似，CZ 手枪也可以选择使用 9 毫米 × 19 毫米或 10.16 毫米口径史密斯 & 维森子弹。标准子弹在保持几十年不变后，人们开始热衷于新的口径。标准的 CZ99 手枪没有手动保险器，但客户可以选择安装。此外，公司还推出一种 CZ99 手枪紧凑版本，它也有不错的销量。

CZ99 还有一种升级版——PPZ，PPZ 是现代战斗手枪经典设计实例之一。尽管 PPZ 是基于 11.43 毫米口径 ACP 子弹设计的，但它很容易就可以被改装成其他口径。标准的 PPZ 手枪还装有一个配件导轨，这在附件标准化的今天是很常见的做法，一把可以兼容各种附件的手枪肯定比只能安装个别附件的手枪更有吸引力。

SIG-萨奥尔 P226 手枪	
原产国	瑞士/联邦德国
时间	1981 年
口径	9 毫米
重量	0.75 千克
全长	196 毫米
装弹	15 发弹匣
射程	30 米

现代转轮枪

转轮枪的口径可能有变化，但基本原理仍然不变。然而，这是一种假象。半自动手枪和转轮枪之间的视觉差异似乎越来越大，并且很多转轮枪之间都有明显的差别，有些还有一些新奇的特点。

转轮枪的基本原理就是旋转的枪膛，因此这就限定了旋转弹膛的基本形状和要求，即将弹膛锁定到位并操作击锤动作。锁定装置位于框架内，在扳机和击锤之间，击锤弹簧则位于握把内部。它是一个单一的完整机制，该机制的配置可以根据手枪是单动还是双动而变化。

很多人都认为转轮枪总是有 6 发子弹，因为"6"是最方便的数字，每隔 60° 有一发子弹，6 发正好是 360°。但市场上也有很多其他子弹数量的转轮枪，其中 5 发是最流行的，相同的口径，5 发转轮枪比 6 发转轮更轻便。从理论上讲，小口径转轮枪可以配置更多的子弹，但这些年里人们一直尝试研制一种大容量转轮枪，但都没有获得成功。人们曾经设计了一种使用两个同心转轮和一个可移动撞针的小口径转轮枪，但实践证明其效率很差，而且非常笨重。此外，人们还设计了一种口琴状弹膛，它能从一侧横向移至另一侧，但后来也证明这样不可行。

因此，转轮枪一直保持着原来的形状和内部结构，只有一些轻微的变化。其中一处是槽型转轮，弹膛间的外表面被加工成槽型以减轻重量。当然，开的槽不能过大，必须保留足够多的金属以保证足够的强度。去除金属的数量取决于武器使用子弹的威力，只要开槽让变薄的弹膛壁厚度不小于弹膛最外点到弹膛的直线距离，这样就不会影响强度。几十年来，开槽转轮已经成为标准，如果转轮枪没有开槽，转轮就会看起来很复古。当然，有些人愿意故意这样做。

鲁格单六转轮枪问世于 20 世纪 50 年代初期，它是一把 6 发单动手枪。它旨在面向一个特殊市场，即对西部牛仔感兴趣的人。因此它故意保留了传统的外观，而且为了表现复古，上面甚至没有保险器。单六转轮枪的口径为 5.6 毫米，随着时间的推移，出现了各种枪管长度的配置。其他衍生型号还包括两个可互换转轮的型号，允许使用者使用 5.6 毫米和 9.1 毫米口径子弹。

▶ 鲁格单六转轮枪旨在面向复古转轮枪市场。美国西部电影的流行让它在市场上备受好评。最初的型号都没有保险装置，从 1972 年开始都加装了现代安全装置。

鲁格单六转轮枪	
原产国	美国
时间	1953 年
口径	5.6 毫米
重量	0.9 千克
全长	259 毫米
装弹	6 发转轮
射程	20 米

　　老式单六转轮枪于 1972 年停产，随之而来的是一种新型单六转轮枪。新型单六转轮枪装有一个传动杆，因此满载时可以安全携带。此外，鲁格公司推出了单九和单十转轮枪。20 世纪 70 年代，鲁格公司还推出了几种双动转轮枪，最主要的三种分别是安六、警六和速六。这些转轮枪可以看作 20 世纪 70 年代转轮枪设计的缩影，被执法机构和私人用户广泛使用。

　　鲁格单六转轮枪最初使用 9.1 毫米口径马格南或 9.65 毫米口径特种子弹，后来公司推出了使用 9 毫米 × 19 毫米子弹的型号，该型号使用一套专用退弹系统，让无边的 9 毫米口径子弹自己退出弹膛。此外，鲁格公司还推出了一种使用 9.65 毫米口径 ACP 子弹的型号，专门用于出口。鲁格公司还为军用和警用市场推出了单六转轮枪的不锈钢版本，并将其命名为 GS32N 型，随后公司又推出所有标准型号的不锈钢版本。20 世纪 80 年代末，

鲁格安六转轮枪	
原产国	美国
时间	1972 年
口径	9.1 毫米
重量	0.95 千克
全长	235 毫米
装弹	6 发转轮
射程	40 米

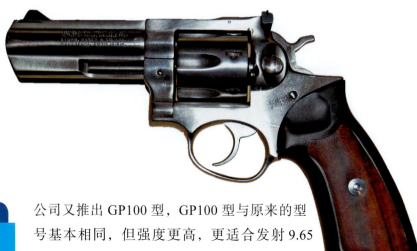

**鲁格 GP100
转轮枪**

原产国	美国
时间	1985 年
口径	9.1 毫米
重量	1 千克
全长	240 毫米
装弹	6 发转轮
射程	50 米

公司又推出 GP100 型，GP100 型与原来的型号基本相同，但强度更高，更适合发射 9.65 毫米马格南子弹。与很多其他公司的转轮枪相似，GP100 型也有各种枪管长度的型号，公司还曾生产过一种使用 8.3 毫米马格南子弹的 7 发型号。

金牛座公司生产了各种用途的转轮枪，其中狂暴公牛 444 型可以使用 11.2 毫米口径马格南和 11.53 毫米口径卡苏尔子弹。当时克林特·伊斯特伍德主演的电影《警探哈里》大卖，他在电影中使用一把 11.2 毫米马格南转轮枪，并宣称它是世界上口径最大的手枪。其实他的说法不对，当时还有 11.53 毫米口径的子弹，但这种子弹非常少见。今天，狩猎者或射击运动员都想要让自己的大框架转轮枪使用这种大口径子弹。狂暴公牛转轮枪有各种枪管长度的型号，公司还推出外观很相似的 911 追踪者转轮枪来补充小口径的缺失。911 追踪者转轮枪的口径为 5.6 毫米，转轮弹匣容量为 9 发，使用这种大框架转轮枪发射小口径子弹几乎不产生后坐力。这种小口径转轮枪深受休闲射击者的欢迎，他们都喜欢感受一把后坐力不大的大尺寸手枪。

其他制造商也生产了一些很有效的大口径转轮枪，用于狩猎、安保和自卫。柯尔特公司的产品是眼镜王蛇转轮枪，它由 20 世纪 80 年代中期的早期骑警转轮枪和 90 年代的巨蟒手枪发展而来，使用 11.2 毫米口径马格南和 11.43 毫米口径柯尔特子弹。11.43 毫米口径柯尔特子弹可以追溯到 19 世纪末，当然现在的子弹肯定是运用了更先进的火药。这种子弹在子弹爱好者那里很受欢迎，他们会改造大子弹以进一步加大子弹的威力。

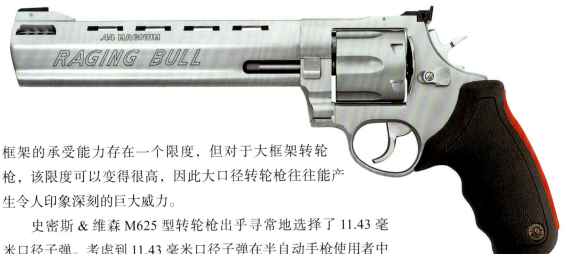

框架的承受能力存在一个限度，但对于大框架转轮枪，该限度可以变得很高，因此大口径转轮枪往往能产生令人印象深刻的巨大威力。

史密斯 & 维森 M625 型转轮枪出乎寻常地选择了 11.43 毫米口径子弹。考虑到 11.43 毫米口径子弹在半自动手枪使用者中越来越受欢迎，公司想当然地认为同样口径的转轮枪也会很吸引人。但是，尽管 M625 以及其后继者 M325 深夜守卫型受到一些射击运动爱好者的欢迎，但是 11.43 毫米口径转轮枪手枪销量并不大。M625 型使用标准的 11.43 毫米口径 ACP 子弹，但需要安装一个满月夹让退弹器工作。为了解决这个问题，公司专门研制了一种有边缘的 11.43 毫米口径子弹，这样就为 11.43 毫米口径转轮枪的大规模生产扫清了障碍。

同样，西班牙武器制造商阿斯特拉公司的主要业务是生产半自动手枪，它也推出了一些高效且常规的双动转轮枪，例如

金牛座狂暴公牛转轮枪	
原产国	美国
时间	约 2000 年
口径	11.53 毫米或 11.2 毫米
重量	1.79 千克
全长	419 毫米
装弹	5 发或 6 发转轮
射程	50 米

◄ 长枪管、大威力的转轮枪非常笨重，根本不适于随身携带自卫，但是对于射击运动选手来说是一个不错的选择。使用者需要具备高超的技巧才能很好地控制这种武器，实现精准射击。

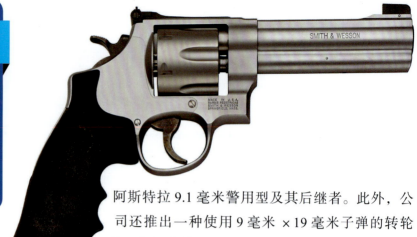

史密斯 & 维森 M625 型转轮枪	
原产国	美国
时间	1987 年
口径	11.43 毫米
重量	1.13 千克
全长	238 毫米
装弹	6 发转轮
射程	40 米

阿斯特拉 9.1 毫米警用型及其后继者。此外，公司还推出一种使用 9 毫米 ×19 毫米子弹的转轮枪，但没有获得成功。受制于退弹器的机械构造，转轮枪和半自动手枪子弹的发展道路似乎也变得越来越远。

现代半自动手枪

市场上有很多不同口径和特点的手枪，可以满足大部分需求。结果是，很多人都辨别不出对于专门的用途哪种手枪性能更好，哪种属于经典手枪，几十年来基本没有变化。史密斯 & 维森公司通过使用独特的"电话号码"命名系统解决了其众多不同型号难以区分的问题。对于理解代码的那些人，他们根据名字就能判断出手枪的性能。例如，史密斯 & 维森 1006 型明显属于第三代手枪（名字编号为四位数），它使用 10 毫米 × 25 毫米子弹，它装有一个不锈钢框架和一个双动扳机。史密斯 & 维森 10XX 系列中，每种都有不同的构造和扳机 / 保险器组合。

但是，并不是所有的史密斯 & 维森现代半自动手枪都使用这套命名系统。西格玛手枪（格洛克公司曾在 20 世纪 90 年代中期因为这个名字与史密斯 & 维森公司有过一次诉讼）的编号为 S&W XX，后两个数字代表口径。因此 S&W 357 代表它使用 .357SIG 子弹，该子弹衍生自转轮枪使用的 9.1 毫米马格南子弹，是专门为半自动手枪研制的。

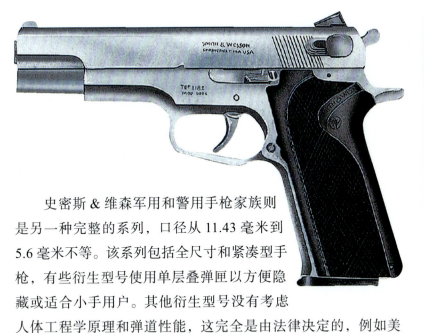

史密斯 & 维森 1006 型手枪	
原产国	美国
时间	1989 年
口径	10 毫米
重量	1.7 千克
全长	203 毫米
装弹	9 发或 10 发弹匣
射程	50 米

　　史密斯 & 维森军用和警用手枪家族则是另一种完整的系列，口径从 11.43 毫米到 5.6 毫米不等。该系列包括全尺寸和紧凑型手枪，有些衍生型号使用单层叠弹匣以方便隐藏或适合小手用户。其他衍生型号没有考虑人体工程学原理和弹道性能，这完全是由法律决定的，例如美国的几个州规定手枪的弹匣容量不能超过 10 发，因此公司还专门生产了这种类型的手枪。

　　史密斯 & 维森公司还生产了柯尔特 M1911 型的现代版本，并将其命名为 SW1911 型。原来设计的一些特点得到升级，包括保险器和一些人体工程学改进，但公司还是尽量让 SW1911

史密斯 & 维森西格玛手枪	
原产国	美国
时间	1993 年
口径	10.16 毫米
重量	0.74 千克
全长	197 毫米
装弹	15 发弹匣
射程	50 米

史密斯 & 维森
M&P 系列手枪

原产国	美国
时间	2005 年
口径	9 / 9.1 / 10.16 / 11.43 / 9.65 / 5.6 毫米
重量	0.68 千克
全长	190 毫米
装弹	各种弹匣尺寸
射程	50 米

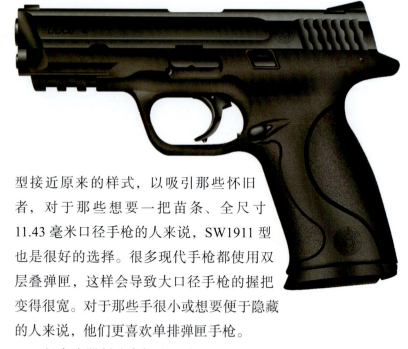

型接近原来的样式，以吸引那些怀旧者，对于那些想要一把苗条、全尺寸11.43 毫米口径手枪的人来说，SW1911 型也是很好的选择。很多现代手枪都使用双层叠弹匣，这样会导致大口径手枪的握把变得很宽。对于那些手很小或想要便于隐藏的人来说，他们更喜欢单排弹匣手枪。

很多武器制造商推出了自己的 M1911 型手枪。帕拉军械公司发现了现代 M1911 型的商机后，推出了不同口径的 M1911 型手枪，有的是单层叠弹匣，有的则是双层叠弹匣。同样，西班牙斯塔尔公司业生产了一款很受欢迎的紧凑型 M1911 型手枪，并将其命名为斯塔尔 PD 型，它的弹匣容量只有 6 发。斯塔尔 PD 型采用铝制框架，尽管某些产品出现了短时间使用后老化的现象，

斯塔尔 PD 型手枪

原产国	西班牙
时间	1975 年
口径	11.43 毫米
重量	0.71 千克
全长	180 毫米
装弹	6 发弹匣
射程	30 米

◀ 20 世纪 80 年代电影《终结者》的海报，施瓦辛格手中是一把 AMT 硬汉手枪。在电影中这是一把带有激光瞄准具的镭射手枪，电影大卖为这种手枪做了很好的宣传。

但这种 11.43 毫米口径手枪仍然算是一种比较成功的紧凑型手枪。紧跟 PD 型手枪脚步的是 11.43 毫米口径的 30M 型手枪。此外，公司还推出一种类似的 9 毫米口径版本，并将其命名为 30K 型。

有些 M1911 型的手枪可以算是直接复制版。20 世纪 70 年代，巴西兵器工业公司为巴西军方研制了一种新型手枪，并将其命名为 M973 型。M973 型使用了 9 发 9 毫米 × 19 毫米子弹弹匣，这一点不同于柯尔特 M1911 型的 7 发 11.43 毫米口径 ACP 子弹弹匣，在其他方面两者完全相同。公司在 20 世纪 90 年代还推出了其他口径的型号，包括 11.43 毫米口径。有些 M1911 型的衍生型号还引入了新东西，AMT 硬汉手枪第一次使用了全铝合金结构，它也有很多衍生型号，包括打靶手枪和电影《终结者》

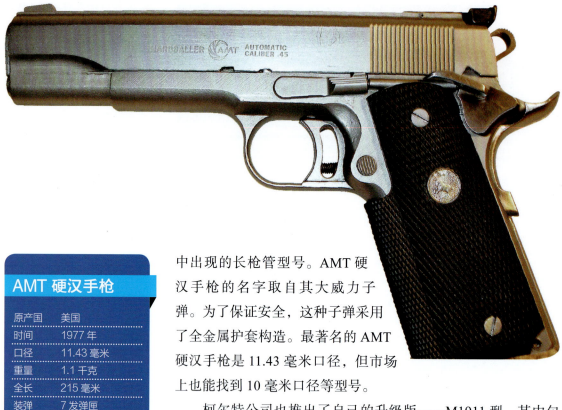

AMT 硬汉手枪

原产国	美国
时间	1977 年
口径	11.43 毫米
重量	1.1 千克
全长	215 毫米
装弹	7 发弹匣
射程	50 米

中出现的长枪管型号。AMT 硬汉手枪的名字取自其大威力子弹。为了保证安全，这种子弹采用了全金属护套构造。最著名的 AMT 硬汉手枪是 11.43 毫米口径，但市场上也能找到 10 毫米口径等型号。

柯尔特公司也推出了自己的升级版——M1911 型，其中包括 80 系列手枪。80 系列手枪安装了一个撞针块来提高安全性，并且子弹类型可以是 9 毫米 × 19 毫米或 11.43 毫米口径 ACP 子弹。双鹰手枪也是由 M1911 型发展而来，它装有一个双动扳机和降下击锤控制杆。尽管官方口径为 10 毫米，但使用者也能找到 11.43 毫米口径的型号。双鹰手枪也继承了先辈的传统，也有中型和紧凑型产品。尽管性能出色，但双鹰手枪问世比较晚，当时市场上充斥着很多其他公司制造的类似产品。

FN57 式手枪的外观很具现代感，但其概念可以追溯到枪支设计的一个早已被遗忘的方面——携带相同口径的手枪和步枪。这种做法在燧发枪时代以后就不再适用，但到 19 世纪末再次兴起。在昔日的西方国家，大多数人都因为步枪和手枪的口径应该相同，这样就只需要携带一种口径的子弹。从那时起，手枪和步枪之间就存在差别，但 FN57 式手枪可以与 FN P90 冲锋枪使用相同的子弹。这是一种 5.7 毫米 × 28 毫米子弹，其性能与

9 毫米 ×19 毫米子弹很接近，但有更好的穿透力和精准度。此外，FN57 式手枪与 P90 冲锋枪的材料也完全相同，都是先进的聚合物材料。

柯尔特 MK IV 80 系列	
原产国	美国
时间	1983 年
口径	11.43 毫米或 9.65 毫米
重量	0.69 千克
全长	221 毫米
装弹	7 发、8 发或 9 发弹匣
射程	50 米

特殊的转轮枪

大部分特殊的转轮枪都是专门用于狩猎和远距离目标射击比赛的，都需要辅助瞄准装置和极高的远程精准度，狩猎手枪还需要有极大的威力。很多猎物比人类强壮得多，因此对人类而言有效的武器有时可能仅仅是吓跑猎物。这还算是一种理想情况，因为狩猎者可以跟踪受伤的猎物，但是如果猎物没有受伤逃跑，而是变得更具攻击性，那么对狩猎者来说情况就会变得非常危险。

FN57 式手枪	
原产国	比利时
时间	2000 年
口径	5.7 毫米
重量	0.62 千克
全长	208 毫米
装弹	20 发弹匣
射程	50 米

鲁格比斯利转轮枪

原产国	美国
时间	1984 年
口径	11.2 毫米
重量	1.4 千克
全长	342 毫米
装弹	6 发转轮
射程	50 米

因此，狩猎手枪口径往往很大，枪管很长，并且有一个可以安装瞄准具的螺纹肋。大口径手枪上安装的望远镜瞄准具必须非常坚固，才能应对发射时产生的巨大后坐力，安装件也必须非常坚固。因此，狩猎手枪往往有一些令人印象深刻的机械零件，这并不是为了好看，而是为了完成工作所必需的。

市场上还有一些口径非常大的转轮枪，其中一些纯粹是用来看的。有些是很有用的，但只是偶尔用来自卫。它们的目标一般不是人类，因为它们的威力远远超出了人类承受的限度。这种武器只是让狩猎者来保护自己免受大型猎物的伤害。超大口径转轮枪一般是定制的，或者只会生产很少的数量。这种手枪并不是为没有经验的人准备的，它可以让狩猎者不用整天背着沉重的步枪，就能很好地保护自己。

其他特殊的转轮枪都是为了满足主流手枪无法满足的要求而研制的，可能是大规模生产，也可能是一次性生产。"Velo Dog"算是一个时代的产物，在今天也能看到它的现代衍生型号。人们制造它们是为了对抗威胁，这些威胁可能是真实存在的，也可能是凭空想象的。

1894 年，柯尔特公司生产了一种高精准度的 M1973 型手枪，并将其命名为柯尔特比斯利手枪。柯尔特比斯利手枪于 1915 年正式停产，但鲁格公司在 1984 年推出了一款转轮枪，让"比斯利"这个名字复活。鲁格比斯利转轮枪本质上是黑鹰转轮枪的变体，枪管很长，是一把 11.2 毫米口径的单动转轮枪。它的特点包括无槽转轮和19世纪风格的握把，这让它显得很复古。相比而言，更具现代感的是红鹰手枪，它是一种使用 11.2 毫米

口径马格南子弹的双动转轮枪。公司推出了各种口径的型号，其中一种新型号被命名为超级红鹰。超级红鹰的外观不再复古，它可以使用11.2毫米口径马格南和其他大威力子弹。

公司还推出了一种短枪管型号，并将其命名为阿拉斯加型。全尺寸枪管超级红鹰可以用作狩猎武器，阿拉斯加型则是狩猎者的自卫武器，地处北极的阿拉斯加人有时会在荒野中遇到像熊等危险动物，因此他们就需要一把大威力手枪。短枪管武器有两个缺点，一个是发射重型子弹时会出现枪口抖动翻转；另一个是大威力子弹往往需要一个长枪管来燃尽所有的火药，因此短枪管会浪费部分火药。但是，当面对一头愤怒的熊时，便于携带的11.2毫米口径手枪也许是用来自卫的最佳选择。

金牛座公司生产过一种轻型11.2毫米口径马格南转轮枪，其型号为金牛座444型，它可以被人用作遇到危险动物时使用的应急武器。轻型11.2毫米口径手枪使用起来让人很不舒服，因此并不适合用来进行大量练习，但是这种手枪兼顾大威力和方便携带等特点，因此有些人也很喜欢它。但是，并不是所有特殊转轮枪都是狩猎武器。科恩战斗马格南转轮枪就是一把常规用途手枪，它使用9.1毫米马格南子弹。

金牛座暴怒审判转轮枪是另一种自卫手枪的代表，它是从暴怒公牛11.2毫米口径转轮枪演变来的，以满足美国法官的特

鲁格红鹰转轮枪	
原产国	美国
时间	1979 年
口径	11.2 毫米
重量	1.5 千克
全长	241 毫米
装弹	6 发转轮
射程	50 米

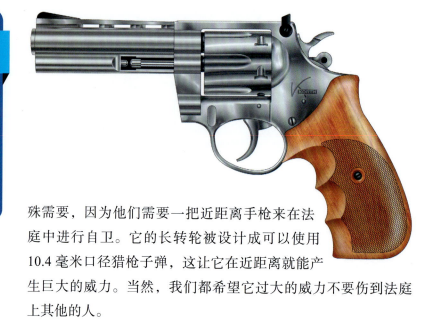

科恩战斗马格南转轮枪	
原产国	联邦德国
时间	1965 年
口径	9.1 毫米
重量	1.133 千克
全长	240 毫米
装弹	6 发转轮
射程	50 米

殊需要，因为他们需要一把近距离手枪来在法庭中进行自卫。它的长转轮被设计成可以使用10.4 毫米口径猎枪子弹，这让它在近距离就能产生巨大的威力。当然，我们都希望它过大的威力不要伤到法庭上其他的人。

▶ 金牛座暴怒审判是一种近距离自卫转轮枪。不同寻常的是，它是市场上为数不多的狩猎手枪之一。

金牛座暴怒审判
转轮枪

原产国	巴西
时间	约2000年
口径	11.43 毫米 /10.4 毫米（猎枪）
重量	1.17 千克
全长	190 毫米
装弹	5 发、6 发或 7 发转轮
射程	20 米

紧凑型手枪

　　绝大多数紧凑型手枪的用途基本相同，即满足隐藏携带的要求或者用作备用武器。此外，由于轻巧且方便携带，很多手很小（尤其是女士）的使用者有时也会选择购买。许多紧凑型手枪基本上就是标准手枪的缩小版，通常具有较小的弹匣容量、框架以及较短的枪管，将全尺寸机械装置装进一个很小的框架内往往要应对很严峻的工程挑战。一种解决方法是减小手枪的口径，使用威力较小的小口径子弹。小口径手枪的优点是，由于需要承受的弹膛压力较小，因此它们可以进行适当的简化。大多数标准口径半自动手枪都利用一个止动机构来保持滑套和后膛保持在原位，直到子弹离开枪口。接着，止动机构会被释放，开始循环动作。小口径手枪无需止动机构，只需要简单的反冲原理就能正常运转，这也就意味着它需要更少的零部件，节省重量和空间。

　　20 世纪 70 年代初期，德国警察部门想要一把紧凑型手枪，为此瓦尔特公司推出了瓦尔特超级 PP 手枪。从名字中我们也能看出，超级 PP 是从早期 PP 和 PPK 手枪发展来的，考虑到执法人员的要求，它使用 9 毫米 ×18 毫米警用子弹。这种子弹算是当时紧凑型手枪可以使用的威力最大的子弹，能提供很好地让敌人失去行动能力。但它的尺寸不同于当时的 9 毫米 ×18 毫米

► 警用武器不仅对武器本身有极高的安全要求，而且需要配备一个高质量的手枪套，防止在抓捕罪犯时手枪掉落或被罪犯抢走。

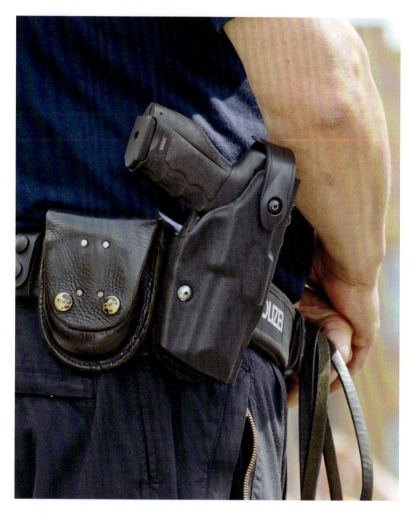

马卡洛夫子弹，两种子弹无法兼容。经过激烈的争论，德国警方选择将 9 毫米 × 19 毫米子弹作为标准，由于超级 PP 手枪无法使用这种子弹，它很快就在警察部门消失了。

20 世纪 50 年代末，扎斯塔瓦公司得到授权许可生产托卡列夫 TT33 手枪，新型手枪使用相同的 7.62 毫米 × 25 毫米子弹。1970 年，扎斯塔瓦公司又根据它推出了紧凑型的 M70 型，M70 型使用 9.65 毫米或 8.1 毫米口径 ACP 子弹。在警察和军事部门服役一段时间后，随着替代品的出现，大部分 M70 型被出售后进入民用和国际市场。

还有一种紧凑型武器的学派，他们认为紧凑型手枪肯定是在近距离时使用的，最重要的就是能够让敌人失去行动力。在

这种情况下，数量少但威力大的子弹肯定要优于数量多但威力小的子弹。在紧急情况下使用的手枪，舒适性就显得不那么重要。因此市场上出现了很多大威力的紧凑型手枪，其中很多都可以使用大威力的 11.43 毫米口径 ACP 子弹，柯尔特防御者手枪就是其中一种。柯尔特防御者手枪采用了轻便的铝合金框架，它使用 11.43 毫米口径 ACP 子弹。此外，公司还生产了使用 9 毫米口径子弹的型号。从本质上讲，柯尔特防御者手枪就是一把缩小尺寸的 M1911 型的升级版，它并没有进行任何简化，例如使用者仍然可以在上面安装常规的瞄准具。对于需要隐藏携带或手比较小的使用者来说，他们往往更喜欢使用这种紧凑型手枪。

戴德尼克斯公司的战斗大师手枪是第一种新一代紧凑型手枪。以前，市场上的 11.43 毫米口径的紧凑型手枪基本上就是全尺寸型号的缩小版。戴德尼克斯公司则采取了一种新方法——专门研制一种紧凑型手枪。新型手枪必须很容易制造，以保持在市场上的竞争力。其结果就是非常出色的战斗大师手枪，并且电视剧《迈阿密风云》热播也让很多人认识了它。战斗大师手枪非常昂贵，销量并不大，导致戴德尼克斯公司陷入财务危机。公司为了摆脱财务危机推出了全尺寸型号——服务大师和得分大师手枪，但并没有摆脱破产的命运。得分大师手枪本质上讲只是从紧凑型手枪发展来的，这与其他公司的产品正好相反。21 世纪初，重组后的戴德尼克斯公司再次推出战斗大师手

柯尔特防御者 1948 手枪	
原产国	美国
时间	1948 年
口径	11.43 毫米
重量	0.63 千克
全长	171 毫米
装弹	7 发弹匣
射程	20 米

戴德尼克斯战斗大师手枪

原产国	美国
时间	1975 年
口径	11.43 毫米
重量	0.96 千克
全长	177 毫米
装弹	6 发弹匣
射程	20 米

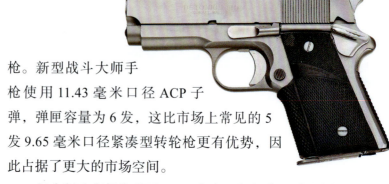

枪。新型战斗大师手枪使用 11.43 毫米口径 ACP 子弹，弹匣容量为 6 发，这比市场上常见的 5 发 9.65 毫米口径紧凑型转轮枪更有优势，因此占据了更大的市场空间。

很多制造商都发现了 11.43 毫米口径紧凑型手枪市场的潜力，其中包括金牛座公司。金牛座公司的产品是 PT145 手枪，设计者考虑了当时的先进材料和设计理念，让它成为一把非常典型的小框架半自动手枪。聚合物材料框架比常规的钢制框架重量更轻，而且枪管位置尽可能低。枪管位置低可以有效地减少发射时的枪口抬升，枪口抬升的问题在短管武器中更加明显，因为这些武器的前段重量分布很少，无法抵消枪口抬升。KEL-TEC PF-9 手枪算是标准口径紧凑型手枪中最纤细、最轻便的一种，它使用 9 毫米 ×19 毫米口径子弹，尽管尺寸很小，但其单层叠弹匣中仍然能够容纳 7 发子弹。有些紧凑型手枪为了将隐藏特性最大化，牺牲掉了部分威力，例如史密斯 & 维森 M2213 型就使用了 5.6 毫米口径子弹。这种手枪非常便于携带并能起到威慑作用（有总比没有强），但它们在实战中的能力确实令人怀疑。

将足够大的火力塞进一把小尺寸手枪中一直是一个很难解

KEL-TEC PF-9 手枪

原产国	美国
时间	2006 年
口径	9 毫米
重量	0.414 千克
全长	149 毫米
装弹	7 发弹匣
射程	30 米

决的问题。在 COP 短管手枪的设计上，设计者没有考虑紧凑型转轮枪或半自动手枪，而是回到了很早以前的转管手枪概念。COP 短管手枪有 4 根枪管，通过旋转撞针轮流发射，它的子弹很有限，只有 4 发，却是威力很大的 9.1 毫米口径子弹。COP 手枪采用了双动模式，因此扳机很重。此外，它的后坐力很大但射程很短。尽管存在这些问题，但当遇到紧急情况时，这些都不是最重要的。尽管有些人对 COP 手枪很感兴趣，但最终由于销量不佳而被迫停产。COP 手枪面临的主要问题是人们越来越喜欢紧凑型半自动手枪和转轮枪。鲁格 LCR 就是一把很受欢迎的紧凑型转轮枪，它使用 9.65 毫米或 9.1 毫米口径马格南子弹。

　　像鲁格 LCR 这样的紧凑型手枪是主要用来隐藏携带的，它们具有流线型外观且没有外部击锤。现代材料能让一把相对纤细且轻便的手枪承受很大的负载，而且人体工程学设计还能有助于减小后坐力。市场上没有一把紧凑型手枪具有远程射击能力，但新一代紧凑型手枪已经可以完成比简单自卫更复杂的任务。

COP 手枪	
原产国	美国
时间	1978 年
口径	9.1 毫米
重量	0.8 千克
全长	142 毫米
装弹	4 发弹匣
射程	10 米

◀ 最初的 Auto Mag 手枪是历史上最具特色的手枪之一。值得注意的是，它是世界上第一种使用 11.2 毫米口径马格南子弹的半自动手枪。我们能从它身上看到 20 世纪 70 年代的人们对未来手枪的设想。

AMT Auto Mag III 型手枪

原产国	美国
时间	1992 年
口径	7.62 毫米
重量	1.275 千克
全长	350 毫米
装弹	8 发弹匣
射程	50 米

大口径半自动手枪

性能优异的大威力马格南子弹出现后，很多制造商着手开始研制可以发射它们的半自动手枪，但他们面临许多挑战。转轮枪的枪管和撞针对齐后，会形成一个防止气体逸出的非常坚固的结构。另一方面，半自动手枪的零部件较多，它们有可能无法承受巨大的枪膛压力。因此，研制一种能够承受巨大压力的半自动手枪可以说是困难重重。

世界上第一把可以使用马格南子弹的半自动手枪是 Auto Mag 公司研制的 Auto Mag 手枪。Auto Mag 手枪装有一个非常坚固的枪管和一个带有角度的握把，它有点像 20 世纪 50 年代科幻电影中的激光枪。Auto Mag 手枪在当时是独一无二的，使用者可以通过更换枪管，将它从 11.2 毫米口径转换成 9.1 毫米口径。一段时间后 Auto Mag 公司遭遇财务危机，Auto Mag 手枪的生产交给其他公司负责。最初的 Auto Mag 手枪的生产从 1970 年一直延续到 1982 年，到 20 时间 80 年代末公司又推出了

▶ 沙漠之鹰是一种标志性的手枪，但由于尺寸过大并不适合随身携带。事实上，能够发射 12.7 毫米口径子弹的事实已经让它拥有了很高的声誉。沙漠之鹰也有其他口径的型号，但 12.7 毫米口径往往是最吸引人的一种。

沙漠之鹰手枪	
原产国	美国 / 以色列
时间	1983 年
口径	12.7 毫米、11.2 毫米或 9.1 毫米
重量	2.05 千克
全长	260 毫米
装弹	7 发、8 发或 9 发弹匣
射程	50 米

一种新型号，即 Auto Mag II 型。

与最初的 Auto Mag 手枪相比，Auto Mag II 型以及随后的 Auto Mag III 型则具有更加常规的外观。它们的特点是尺寸大、枪管长，可以使用多种口径的子弹，从 5.6 毫米到 14 毫米口径。这种尺寸大、威力大的手枪从来都不是个人防御或日常作战的首选，除了那些在好莱坞电影的超级英雄。Auto Mag 系列手枪对狩猎者和射击运动爱好者很有吸引力，他们都想要感受一把真正有威力的武器。Auto Mag II 型的生产从 20 世纪 80 年代末一直延续到 1996 年，在此期间很多公司购买授权生产自己的型号。目前，小口径 Auto Mag II 型（5.6 毫米口径）的生产已经恢复，但并没有大口径型号。尽管 Auto Mag 系列手枪在历史上的表现并不出色，但它们向人们证明使用马格南子弹的半自动手枪仍然有存在的价值。

威尔迪手枪也是在 20 世纪 70 年代初期问世的，它的外观与 Auto Mag 手枪有点类似。它出现在了很多电影中，查尔

◄ 在武器展览上，我们能看到各种各样的手枪。不同的手枪差别可能会很大，而且如果你没有鉴别能力，你可以找一位有经验的人来帮你。

斯·布朗森的《猛龙怪客》系列电影显著提高了人们对它的认识。威尔迪手枪能使用很多大威力子弹，包括 12 毫米和 11.43 毫米口径子弹。从 2000 年后还出现了使用 11.2 毫米口径马格南子弹的型号。直到今天，威尔迪手枪仍然继续生产。此外，市场上还能找到一种步枪型号。

沙漠之鹰

沙漠之鹰算是世界上最著名的大口径半自动手枪。沙漠之鹰是由马格南研究所和以色列军工联合研制的，它可以使用 12.7 毫米、11.2 毫米和 9.1 毫米口径子弹。改装它既快速又容易，使用者只需要改变枪管和枪机就能改变口径。与其他大口径半自动手枪类似，沙漠之鹰并不适合安保使用，人们更多的是用它威慑敌人。据说，以色列特种部队都使用沙漠之鹰，但很多权威人士都不认同，他们认为沙漠之鹰尺寸太大并不适于携带，而且它太重，并不适于近距离作战。沙漠之鹰很适合用来狩猎或射击运动，有些型号还配有一些先进的配件。

马格南研究所和以色列军工还联合研制了一种类似的手枪，即"小鹰"——杰里科 941 型。事实上，杰里科 941 型是一种衍生自捷克 CZ 75 型的完全不同的武器。它使用专门为它研制的 10.41 毫米口径子弹。此外，公司还推出了一种 9.65 毫米口径的型号，处于营销考虑，公司将其命名为"迷你沙漠之鹰"。

马格南口径的半自动手枪只是一个非常小众的市场。大部分使用者需要一种便于携带且使用舒适的手枪。但是，大口径半自动手枪通常被认为是一种展示声望的武器，常常被当作收藏品。与其他收藏品相同，收藏家主要考虑手枪的收藏价值。

杰里科 941 型手枪	
原产国	以色列
时间	1990 年
口径	10.41 毫米
重量	1.1 千克
全长	210 毫米
装弹	10 发弹匣
射程	50 米